戴晨志 著

成功不是靠奇蹟，是靠累積

22則成功故事，讓人生充滿驚奇

目錄
CONTENTS

第四章

〈自序〉

用智慧與汗水，贏得美妙掌聲

有一天，曾經幫我拍攝照片的女攝影師，拿著一張照片問我：「戴老師，這張照片，你還記得在哪裡拍的嗎？」

我拿來一看，嚇一跳——天哪，這發黃老舊的照片，我當然知道在哪裡拍的，是在綠島海邊拍的。「妳怎麼會有這張照片？」我好奇地問。

「這是我爸爸保存的照片！我爸爸認識你，你們三十五年前就認識了……我爸爸是綠島監獄的教誨師……」

噢，我懂了！我想起來了……

民國六十九年，我還是國立藝專廣播電視科二年級學生時，我在大年初一，一個人揹著背包，搭上火車，前往台東；又轉搭小飛機，獨自前往綠島。我的目的地是綠島監獄，因為當時有不少政治犯，被關在監獄裡，我想去一探究竟。

下了綠島機場，我獨自走路，找到了一個小教堂，向牧師借了腳踏車，就沿路詢問綠島監獄的方向；我堅定信念，想進入監獄內參觀。

找到了綠島監獄，銅牆鐵壁，怎麼辦？我，藝專二年級的學生，憑著信心與勇氣，請警衛代為轉達典獄長：我從台北專程想來監獄參觀、拜訪、請教與採訪的來意。

典獄長被我打動了，因從來沒有人會在大年初一來監獄。他准許我進入戒備森嚴的監獄，在那裡，我可以四處參觀，但不准拍照；於是教誨師黃芳進就陪同我，在牢房、廚房、工作區……參觀，也與收容人聊天、打乒乓球。

傍晚，天色暗了，我沒地方住，我請求典獄長讓我住在監獄內。典獄長看我可憐，就答應了。所以，「我曾住過綠島監獄——一晚，在招待所裡。」

而典獄長與教誨師，也對我這「魯莽獨闖綠島監獄」的年輕小伙子，另眼相待、讚賞有嘉；也準備豐富的一大桌晚餐，招待我。

當然，這已經是三十五年前的往事了，所以，當我知道女攝影師的父親，就是當時在綠島監獄接待過我的黃教誨師時，甚是訝異、驚喜，也專程前往高雄拜訪他。他退休了。在他家裡，又看到一些當時我們合拍的老舊照片。

天哪，人生三十五年過去了。好奇妙的年少輕狂往事啊！

■主動求見鄧昌國老校長

後來，寒假結束，我返回板橋藝專（如今的台藝大），也在校刊上，發表了一篇「大年初一勇闖綠島監獄」的專題報導。

而後，我又打電話給當時的中國電視公司副總經理鄧昌國先生，因鄧副總是藝專的前校長。我請求鄧昌國副總給我一個採訪的機會，談談他在藝專草創時期，華路藍縷的艱苦過程。

鄧校長一聽，有藝專學生主動要來採訪他，十分開心；而我，就勇敢地依約前往中視，拜訪這位小提琴家、指揮家、前校長的「中視鄧副總」。

採訪後，我寫了一大篇專訪稿，刊登在藝專校刊，也寄一本給鄧副總經理。

而在暑假，我也主動請求鄧昌國副總，給我一個機會，到中視新聞部實習；因著我過去主動採訪的表現，鄧副總爽快地答應了我的請求，讓我前往中視新聞部實習二週，也讓我燃起想當電視記者的夢想與渴望。

多年後，我也做到了——我以第一名的成績，考上華視記者。

■美國猶他拱門國家公園

去年暑假，我帶孩子全家到美國猶他州的拱門國家公園去旅行。在這國家公園內，有超過兩千座天然岩石拱門、石塔等奇岩怪石。

在約三億年前，這裡是一片汪洋大海，後來海水逐漸蒸發，經過數百萬年的時間，地層被擠壓隆起，岩層中高密度的鹽分經風吹雨淋而慢慢流失，剩下堅硬的岩層，而成為拱洞或石化沙丘的奇特侵蝕地貌。

夏天很熱，我們停好車子，心想，帶兩個水壺，大概走個一、二十分鐘就到了。沒想到，大太陽下，一大群人一直往大岩石走，沒有樹可遮陽，走了半小時、四十分，竟然還沒到……很累，很想放棄，但又很不甘心，跑了大老遠來，怎麼可以看不到世界奇景精緻拱門而放棄？

走，走，一邊擦汗一邊走。大概走了超過一個半小時，終於看到了！

天哪，真的好壯觀哦！原本以為拱門小小的，到了現場一看，才知道它是如此高大、壯麗、鬼斧神工、令人讚嘆！

此時，身體的疲憊、勞累，都拋之在後了，一切也都值得了！

可是，還是要走原路回去，因為車子停在停車場啊！大概又走了一個半小時，才回到起點。仔細一看，上面有個小告示牌，提醒遊客天氣炎熱，除了要帶水壺之外，也告知前往精緻拱門的距離，單程是二・四公里，來回接近五公里。

還好，去程時，沒看見公里數，就呆呆地與孩子們一直往前走，否則，萬一事先知道來回需要走五公里、三小時，大概早就放棄了！

「**最值得去的地方，都是沒有捷徑的！**」

要前往成功的美麗前景，也都是沒有捷徑的，是要靠自己一步一腳印、腳踏實地，親自努力地走出來的。

因為，「**成功不是靠奇蹟，是靠累積。**」

藝專二年級，我獨闖綠島監獄，累積我的冒險經驗，以及獨立自主的勇氣。而主動採訪中視副總、藝專前校長鄧昌國，讓我累積自己的人脈、採訪技巧、寫稿文筆，也讓我後來踏入電視新聞界……

人生就是要主動創造、主動累積——累積好習慣、累積人脈、累積智慧、累積名氣、累積穩健步伐，也讓自己有更多的積極態度與專業能力。

人活著，不是靠淚水博得同情，而是要靠智慧、勇氣與汗水贏得掌聲！

第一章

突破困境——低潮是珍貴的轉機

熱愛與執著，必能敗部復活

要清楚找到自己的興趣與方向，
不要為學歷而讀書；
別做個光說不練的批評者，
要做一個樂在工作的實踐者。

蘋果電腦創辦人史蒂夫・賈伯斯，生母是個未婚媽媽，因無力扶養他，所以將他送給養父母扶養。

十七年後，賈伯斯努力地進了里德學院念書，但念了半年之後，賈伯斯迷失了自己的人生方向，也不知道念大學對自己有什麼幫助，但他卻為了念大學，花光家境不好的養父母畢生的積蓄和存款。

於是，賈伯斯決定「休學」，不想去上許多無聊的必修課，只去旁聽自己喜歡的課。

這個決定，真的是讓養父母十分擔心；但是，賈伯斯有自己的想法和信念，也決心走自己的路。他沒有宿舍可住，只在朋友的房間打地鋪，靠著回收一個可樂瓶五毛錢的回收金填飽肚子，但也在里德學院認真地上藝術字等課程。

當時，里德學院校園裡的海報、文宣、抽屜上的標籤……都是美麗的手寫藝術字體，精緻無比，也讓賈伯斯深深著迷。賈伯斯雖然沒有正式上課、拿學分，但他卻清楚自己的興趣，也旁聽自己有興趣的課程長達十八個月，才離開校園。

■ 在小車庫內，創辦蘋果電腦

二十歲時，賈伯斯與朋友一起合作，在父母的車庫裡創辦了「蘋果電腦」。他與朋友艱苦、努力打拚，十年內，就讓蘋果的規模從一間小車庫、兩個員工，擴展到市值達到二十億美元、員工人數超過四千人的超大公司。

賈伯斯說，他們所設計的第一部麥金塔電腦，內建的一些字型與多元字體，都是在他休學時，於旁聽藝術字課程中學到的。如果，當時他沒有休學、沒有旁聽藝術字的課程，就沒有麥金塔漂亮字體的設定。

也因此，當賈伯斯受邀在哈佛大學畢業典禮演講時，對全體畢業生說，自己根本沒大學畢業，但回頭一看，自己年輕時的「休學」，卻是他這輩子「做過最好的決定」！

當時，他選擇走這條路，雖然有許多障礙與挫折，但也都是他生命中的無價之寶。因為，他堅定信念、相信自己，也清楚自己的目標，即使選擇一條與一般人不同的道路，也無所畏懼，才能成就不平凡的未來。

一個想成功的人，
必須在最關鍵的時候，做出明智的「抉擇」，
並憑著信心、毅力與堅持，把抉擇做到成功為止。

■他，被自己創辦的公司開除

除了「休學」之外，讓賈伯斯在哈佛大學畢業典禮上開心暢談的事就是——他在三十歲時，被自己創辦的蘋果電腦「開除」了！

為什麼？因為，他邀請來的執行長，與他的想法和願景分歧，而公司董事會決定支持執行長，於是，他就被公司炒魷魚了。

天哪，自己竟然被自己創辦的公司開除！

賈伯斯頓時生活失去了重心，也像世界末日來臨一樣。

他，成為一個失敗者、被嘲笑者。他，好想逃離矽谷。

然而，當他靜下心來，慢慢想通之後，仍然「看好自己」「肯定自己」。他雖然一時被否定，但仍熱愛他的工作，對電腦依然「熱情滿滿、絕不放棄」！

他自信，他一定可以東山再起。

後來，賈伯斯又創立了NeXT，以及另一家公司皮克斯。

皮克斯製作出全球第一部全電腦動畫電影《玩具總動員》，是全球最成功的動畫公司。接著，又製作了《怪獸電力公司》《海底總動員》《超人特攻隊》《料理鼠王》等精采無比的電影，也為全世界的科技與娛樂，提供無限的驚喜與歡樂。

賈伯斯說：「一九八五年，蘋果公司開除我，是我人生中最好的經歷，讓我因此獲得解放，也讓我進入了這輩子最富有創意的時期。」

的確，如果賈伯斯當時沒有被蘋果開除，則剛才提到的所有電腦動畫電影，都不復存在，都會是泡影。

「被蘋果開除，是我生命中最豐富的時刻，也是我人生的苦口良藥。」賈伯斯語重心長地說：「有時，人生會遭遇迎面而來的重重打擊，但，絕不能因此而對自己失去信心！」

■ 被開除，卻是成功的墊腳石

在許多比賽中，有所謂的「落入敗部」。但是，只要對自己的興趣充滿熱愛與執著，永不放棄，並且置之死地而後生，則總有一天能「敗部復活」。

就像賈伯斯一樣，他在一九九七年被蘋果開除的十年後，又重返蘋果公司，帶領蘋果，從個人電腦轉型為全球數位娛樂、手機、穿戴資訊……

如今，賈伯斯已經離開人世，但是，他的成功，卻告訴世人們：

「要清楚找到自己的興趣與方向，不要為學歷而讀書！」

「要熱愛工作，即使被開除，也不要懷憂喪志。」

「別當個光說不練的批評者，要做一個樂在工作的實踐者。」

「人生即使被嘲笑、被開除，也都是成功的墊腳石。」

自我溝通，邁向成功

有人說：**「如果不想平凡過一生，就去做一個膽大包天的決定吧！」**

也有人說：**「決定，就要做得狠一點。」**

我無意鼓勵年輕人辦理「休學」，但賈伯斯在年輕時所做的「休學」決定，無疑影響他的一生至鉅。然而，賈伯斯知道他的興趣、確信自己全心投入熱愛的工作，也掌握自己的專才，終能讓自己「堅持初衷，止於至善」。

所以，人生暫時落入「失敗區」並不可恥、可悲，最重要的是，要充滿熱情，執著於自己的熱愛，不怕失敗地去追尋自己的天空。

年輕時的我，只念三專，但為了更好的將來，我一共考了八次托福，兩年半失業、沒工作，才通過托福考試，赴美念碩士，最後終於返台，考上電視記者。

真的，**「決定，就要做得狠一點」，才能打斷退路、破釜沉舟，使命必達。**

在我當世新大學系主任四年後，我為了成為專職作家、演說者，毅然辭去「大學系主任」之職，專注寫作，在華人世界各地演講、分享。

回首一看，我毅然辭去大學教職，是我一生很棒的決定，讓我沒有行政、上班的壓力，專心書寫了五十本書，也是我這輩子最大的心靈財富。

「與其坐嘆悲情、哀聲埋怨，不如起而行動、衝破困局。」

「只有不斷出擊、不停跳動，才有致勝的可能。」

「被開除，只是一個過程；堅定信念，疼痛就會變成養分；勝利，終屬於有決心的人。」

小蝦米致勝語錄

- 想贏得榮耀，就要過有目標、有決心的生活。
- 「自信＋自律＋創意」，必能讓自己閃閃發光。
- 不要放手，直到夢想到手。

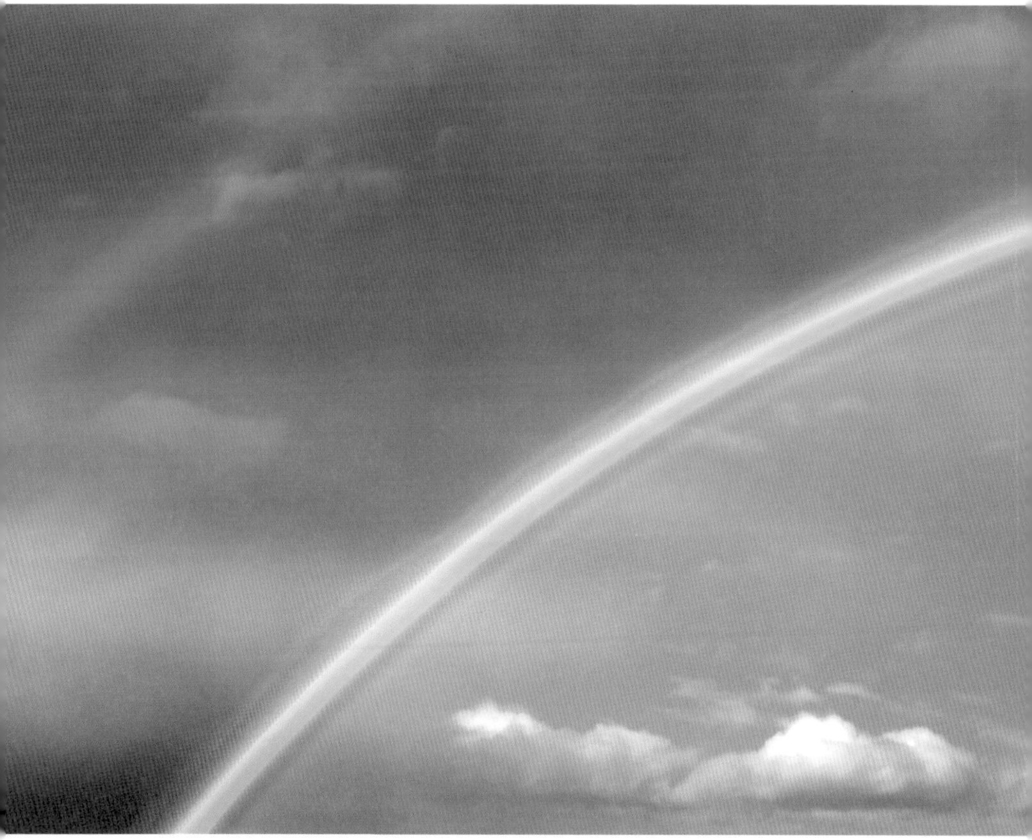

21　熱愛與執著，必能敗部復活

挫折與苦難，是化了妝的祝福

人可以跌倒，但不能被擊倒；
可以失敗，但不能被打敗。
人生的挫折背後，
都會有美好的祝福。

台積電公司董事長張忠謀先生，一九三一年出生於浙江寧波，一九四九年赴美國波士頓就讀哈佛大學。

在那個年代，赴美留學是要搭輪船、飄洋過海，才能辛苦抵達美國彼岸。後來，張忠謀先生又轉學到麻省理工學院（ＭＩＴ）機械工程系，也順利獲得該系的學士與碩士學位。

這時，張忠謀先生十分開心，也信心滿滿地計畫在麻省理工學院繼續攻讀博士學位。然而，他努力準備多時的博士資格考，竟然落第了！第二次再考，幸運之神也沒站在他這一邊，他又失利、沒被錄取。

根據學校規定，兩次博士生資格考沒通過，則終身不得錄取。天哪，他被判定終身無法進入麻省理工學院就讀博士班。

這項無情的規定，無疑是張忠謀先生人生中的最大挫敗。他一週內吃不下飯、睡不好覺……怎麼辦呢？不能念博士班，以後就不可能在大學當教授了！這樣怎麼對得起父母？……對得起自己？也對不起剛剛新婚不久的妻子啊！

■人可以跌倒，但不能被擊倒

張忠謀董事長在回憶起博士資格考落榜的往事時，大聲唸出了當時他自己所寫的一段話：「她（MIT）給予我就業的本錢，但當我要求她給予我最高學位時，她卻把手縮回去、不再理我了。」

這次的重大打擊與夢想的幻滅，著實讓張忠謀先生重重地跌到谷底。可是，在經過一個星期的心理調整之後，張忠謀先生──

「雖然跌倒，但他並未被擊倒。」

「雖然失敗，但他並未被打敗。」

他重新修正目標，也一邊調整步伐與心態，一邊找尋工作。

後來，張忠謀先生豪邁地告訴自己：「沒關係，就讓MIT保留她的博士學位、她的書本、她的實驗室吧！我自己還有很長的人生路程要走。我要昂起頭來，開始走自己的路！」

正因為這樣的「轉念」與「改變心境」，讓他走出「心理困境」。

為了養家，他離開學校，到外面找工作。一九五五年，進入了希凡尼亞公司半導體部門工作，正式進入半導體領域。一九五八年，張忠謀先生又轉往德州儀器公司半導體工作，後來，他的最高職位是「全球副總裁」，也是當時美國跨國公司中，極少數的華人高階主管。

而在一九六四年，張忠謀先生也再進修，而獲得美國史丹福大學電機工程學系博士學位。

這樣的人生大逆轉，是張忠謀先生原先絕對無法想像的，也為他帶來了不一樣的人生。

一九八五年，張忠謀先生應邀回台灣，擔任工業技術研究院院長，後來又成立「台灣積體電路製造股份公司」，也擔任台積電董事長迄今，有「台灣半導體教父」之稱。

■ 挫折，是生命要你轉個方向

張忠謀先生常說，他一生中最大的慶幸，就是在二十四歲時被麻省理工學院拒絕就讀博士班。這是他當時最大的挫敗，但，也是他人生的轉捩點！

要是他當時順利地念了博士班，畢業後，大概就在校園裡當教授；然而，正因為博士資格考沒考取，才讓他毅然決然地投入當時新興的半導體市場。

張忠謀董事長常說：「**歷史是無法改變的！**」

的確，對於一些無法改變的事實，我們傷心、痛苦、悲憤……都是沒有用的！一個人必須隨時調整自己的心態，用正向觀念與陽光態度來面對它。

「沒有一個夢想是永久的，要多方去嘗試！」張忠謀先生說：「一味地追求夢想也不見得是對的，因為夢想會隨著每個人的人生階段而有所不同！所以，在夢想與現實之間，最好的選擇是『處於中間』，太偏於兩個極端，都是不好的。」

其實，遇到困境時，我們都在學習告訴自己：

「路，沒有到達盡頭，只是我們需要轉個彎了。」

「人生，沒有所謂的失敗；挫折，是生命要你轉個方向。」

「當你認真學習每一項技能時，都會成為你人生的重要養分，也會造就你人生的深度與廣度。」

您知道嗎？張忠謀先生原先想拿博士，但他說：「我追求它，它卻不要我！」可是，人生路，峰迴路轉。最近一、二十年，張忠謀先生已經是「台灣半導體教父」，已不再追求博士，但許多博士學位卻源源而來。

就如先前所提，張忠謀先生在業界服務時，因傑出表現，公司曾以全薪、全額學費的補助，讓他拿到史丹福大學博士學位。返台後，他又陸續榮獲各大學頒贈了「七個榮譽博士學位」。

■ 挫折的背後，都含藏著祝福

張忠謀董事長有一次在聊天時說，他父親到朋友家拜年時，看到朋友在春聯上寫著「五子四博士」，父親回家後，對母親說：我也可以寫「一子一博士」。

但如今，張忠謀先生開心地說，如果他的雙親仍健在，父親就可以很驕傲地在春聯上寫著——「**一子八博士**」了！

人生無所謂後悔，因為歷史無法改變。

但，人可以改變的是自己的「心態與志氣」；在人生的十字路口與岔口，要隨時調整自己的態度，然後選擇一條正確的道路，認真地走下去。

因為，「**挫折與苦難，是化了妝的祝福。**」

而且，「**所有挫折的背後，都含藏著美好的祝福。**」

自我溝通，邁向成功

全球股市名人巴菲特說：

做你「沒做過」的事情，叫做成長；

做你「不願做」的事情，叫做改變；

做你「不敢做」的事情，叫做突破。

很多時候，我們不願做、不敢做，只是裹足不前，以至於生命沒有成長、沒有改變、沒有突破。

有人說：**「成功不是靠奇蹟，是靠累積。」**

「高牆，是用來阻擋不夠用心與堅持的人。」

的確，如果張忠謀先生在被麻省理工學院拒絕就讀博士班後，沒有自我溝通、正面思考與轉念，就灰心喪志、頹廢自己，那麼今天就沒有台積電王國了。

所以，蛻變的過程，一定是痛苦的，但每一次的蛻變，都會有成長、突破的喜悅。

我們千萬不能執著於「負面、不悅的記憶」啊！

再多的打擊與挫敗，都是化了妝的祝福，也都給予我們再奮發、再向上的最大動力！

小蝦米致勝語錄

- 挫折，是生命要你轉個方向。
- 高牆，是用來阻擋不夠用心與堅持的人。
- 挫折與苦難，是化了妝的祝福。

從「自學、偷學」到「搶學」

一個人在逆境中，沒有哭泣、埋怨的權利。

每天把握機會、偷學一點，

讓自己成為「人才」，而非「人力」。

香港華人首富李嘉誠先生，小時候自潮州逃難至香港，家境貧困清寒；抑鬱的父親染上肺結核而過世，所以，他在十四歲時，就自己出門找工作。

可是，忍痛中止學業的李嘉誠先生很想念書。他把打工賺來的錢，拿去舊書店裡買自己喜歡閱讀的舊書，努力閱讀、學習，並吸收書中的內容精華。而在他看完書之後，又將這些舊書賣回給舊書店，並且再購買其他的舊書來閱讀。

李嘉誠先生說：「我家裡太窮了，我只能花一點點錢，買來『新』的舊教材，看完了，再賣回去。這樣，我學到了知識，又省了錢……我要用最便宜的價錢，買到自己最需要的知識。」

就這樣，李嘉誠先生在時局動盪的艱困環境中，仍辛苦地打工，來維持一家人的生計，也利用空餘的時間，自學完成中學的課程。

每當李嘉誠先生回憶到少年時期，自我學習知識的「小智慧」時，他總是露出得意的表情；因為，當他的父親不幸離世時，他只有不到十五歲，必須在殘酷的現實生活中輟學，又要賺錢糊口，但又不能不努力學習，用知識來為自己的生命取勝！

李嘉誠先生說：

「想要出人頭地，學習是唯一的武器；只有通過勤奮的學習，才能通往人生的新天地。」

也因此，李嘉誠先生一邊工作，一邊辛苦自學。雖然寄人籬下當學徒，但自己的知識、學問卻日漸提升。

一九四五年，二戰結束後的某天，他工廠的老闆急需要發信件，但書記員卻請假，李嘉誠先生因好學而被推薦幫忙，也完成老闆交待的任務。從此，老闆對他另眼相待，將他從雜役小工，調至貨倉管理員；後來又成為業績極佳的推銷員，再升到經理，更在十九歲時成為總經理。

要「自學」、「偷學」，更要「搶學」

「每天把握機會，偷學一點！」這是李嘉誠先生的翻身、致勝關鍵。也就是說，李嘉誠先生有一顆隨時「搶學」的企圖心。

當別人在維持現狀，或是懈怠、原地踏步時，李嘉誠先生隨時隨地都在「搶學」別人的智慧、知識和專業技巧。

同時，李嘉誠先生也不斷地靠著閱讀英文雜誌、專業刊物，學習吸收新知；他必須比別人早一步知道下個獲利先機是什麼，而不停地提前「搶學」，才有致勝的機會。

從早年創業至今，八十七歲的李嘉誠先生，早已是華人的首富，但他一直保持一些好習慣：

一、在睡覺之前，一定要看書。非專業的書，他抓重點看。與公司專業相關的書，即使再難看，也要把它看完。

二、晚飯後，他一定要看一、二十分鐘的英文電視。不僅要看，還要跟著大聲說出來，因為，這樣他才不會落伍。

三、不論幾點睡覺，李嘉誠先生一定在清晨五點五十九分鬧鈴響後起床。隨後，他聽新聞，再打一個半小時的高爾夫球，才去辦公室工作。

■ 要勤奮，更要自律

從「自學」到「搶學」；從「勤奮」到「自律」，李嘉誠先生為自己的專業，一點一滴地不斷累積和學習。就像是長江一樣，不擇細流，也終能浩蕩、綿延千萬里。

一個人在逆境中，沒有哭泣、埋怨的權利。

在困境中，人不能躲在家裡，而是要勇敢走出去。因為——

「困難、困難，困在家裡萬事難；

出路、出路，出去走走才有路。」

李嘉誠先生的一生，也可說是**「Excellent　A+」**的人生。

他告訴我們：「想成功，就要搶知識、搶學問。」

因為，「**財富源自知識。知識才是個人最寶貴的資產。**」

然而，李嘉誠先生說：「光讀書，不能把事做好；不讀書，就去做事，也是行不通。要把書本中的知識與實際工作結合起來，並且隨時主動出擊、創造商機，才是最好的，也才能達到『Excellent　A+』的精采人生！」

自我溝通，邁向成功

美國作家梭羅說：「光忙是不夠的（螞蟻也很忙），我們必須自問：我們在忙什麼？」

「忙什麼」很重要。是瞎忙？是忙著抱怨？忙著交際？忙著吃喝玩樂？還是是朝著目標努力苦幹、實幹？

李嘉誠先生，從小就知道忙著「自學、偷學、搶學」，讓自己有更多的專業知識，才能在社會上與人競爭。

張忠謀先生也曾說：「大學畢業，才是學習的開始……我百分之九十九的知識，都是二十四歲之後學來的。二十四歲是我有範圍、有紀律、有系統性終身學習的開始。」

我們都可以透過好奇心、求知欲、終身學習與獨立思考，讓自己成為一個專業人才。

所以，**一個人，不要成為「人力」，要成為「人才」！**

也要讓自己從「非專業」，成為「專業人士」。

其實，沒有人天生是具有專業的；專業是靠自己不斷地努力，長期培養、鍛鍊出來的。所以，不管再如何低薪，也要「投資自己、投資腦袋」，

因為──

「三日不學習，腦袋舉白旗」；

「三日不讀書，有如一隻豬。」

小蝦米致勝語錄

◆一個人，不去嘗試，就是最大的失敗。

◆決定人生成敗的，不是起跑點，而是轉折點。

◆勇於嘗試＋正向態度＋堅持到底＝成功人生。

用陽光態度，勇敢創造機會

凡事從「小」開始做起，
不愛抱怨、不斤斤計較、打好基礎，
才能一步步往上爬呀！

美國好萊塢超級巨星湯姆克魯斯，小時候曾因父親工作不穩定而不停地搬家。在求學時代，一共換讀過十五所學校；也因頻繁地轉學，經常是「班上的新同學」，讓他成為一名成績不佳的閱讀障礙者。

湯姆克魯斯說：「我是天生的左撇子，但卻被強迫用右手寫字，我常常把字寫顛倒……閱讀對我而言，更是十分困難，所以我被安排在特教班上課，而被其他同學視為笨蛋，真的很羞恥……」

也因為他的父親工作不順，不停搬家、換學校，甚至全家曾搬到加拿大。而且，脾氣不好的父親在工作不如意時，就拿家人出氣，即使湯姆克魯斯是唯一的兒子，也難逃拳打腳踢的命運。

在湯姆克魯斯十二歲時，父母協議離婚，他才擺脫父親的暴力陰影。

湯姆克魯斯說，孩提時代，他總是在指責、嘲諷、羞辱中度過；同學經常嘲笑他：「衣服不對、口音不對、寫字不對、不會閱讀、朗讀……」

青少年時期，也常遭同學霸凌，他在忍無可忍時，就揮起拳頭反擊，但他總是記得——要清洗乾淨臉上的鼻血後才回家，以免媽媽和姊妹擔心、焦慮。

湯姆克魯斯不僅在學校遭霸凌，也遭生父施暴毒打、遺棄，而他也因酗酒，而被母親趕出家門。後來母親改嫁之後，他的心裡更生怨恨。

其實，從童年到青少年，「羞辱、恥辱、挫折、狼狽」一直跟隨著湯姆克魯斯。他的智商不低，但從來沒有家庭的溫暖，也不受父母、師長所肯定。

「孤獨、自卑、無助、自我放棄」，經常是這類型孩子的最大心理創傷。

■ 想走演藝路線，卻苦無機會

不過，慢慢長大後，湯姆克魯斯逐漸轉念；他的外表「陽光帥氣」，也散發出一股「陽光態度」。他要走出創痛的陰霾，不再被困在陰暗的角落。

後來，湯姆克魯斯對演戲感興趣，想走演藝路線卻苦無機會；片商曾以「皮膚太黑」「不夠英俊」，而將他拒於門外。

在十九歲那年，有一次，湯姆克魯斯在一個名叫瓦格納的經紀人推薦下，獲得了一個「一閃即逝」的小角色，也就是在《無盡的愛》這部電影中，飾演一個十多歲的縱火犯。

湯姆克魯斯演完這縱火犯後，沒拿到酬勞，就搭便車回家。後來又因一名其他演員臨時退出演戲，湯姆克魯斯才再獲得一個可以露臉久一點的小角色。

也因此，湯姆克魯斯擁有英國、德國、愛爾蘭血統、輪廓分明的臉龐，才開始被導演和製作人所注意。

後來，湯姆克魯斯在《捍衛戰士》一片中，飾演一名飛行員，戴著一副墨鏡，讓人直呼「帥死了、酷斃了」，女性影迷也為他瘋狂……

從此之後，湯姆克魯斯開始走紅，人生也由黑白，逐漸變為彩色。

如今，湯姆克魯斯在電影圈屹立二十多年，成為全球知名、名利雙收的超級巨星，也創了百億美元的電影票房佳績。

■ 做事不貪大，做人不計小

我常在想，要演一個「一閃即逝、沒名沒姓」的縱火犯，而且沒有酬勞，我們願意嗎？可是，湯姆克魯斯因著對演藝事業的熱愛，別人不演，他肯演，也認真地去做了，最後一步步地成就了巨星的自己，也成為「影壇的巨人」——雖然他的身高只有一百七十公分，在西方國家，算是一個矮個子。

許多年輕人，在找工作時，總是計較：「我月薪要多少？福利不能太差！而且週六、週日一定要有休假，還要有年休……最好有交通津貼、年終分紅……」

其實，剛踏入社會的年輕人，哪能一開始就是大明星、當主角呢？……在台上紅得耀眼的大明星，哪一個不是從小角色、跑龍套，或從「沒名沒姓」的基層開始做起？

古人說：「做事不貪大，做人不計小。」
凡事都必須從「小」開始做起；
不愛抱怨、不斤斤計較、打好基礎，才能一步步地往上爬呀！

在「挫折、羞辱、沮喪、狼狽」中，我們都不能放棄希望。我們的內心，都必須充滿「正能量」和「陽光態度」，做好自我對話、自我溝通——

「貧窮、無助時，千萬不能一直待在家裡。」
「成功不是等待機會，而是要勇敢地出去找機會。」
「只要用心做好平凡事，就可以讓自己一生不平凡。」

自我溝通，邁向成功

「憨」字底下，一顆心。

這顆心，是用心、細心、真心，也是決心，就能讓人成功。

如果，一顆心，只是一直計較——我的工作量太多、我的福利太少、我的加班沒有加班費，或埋怨主管對我講話態度不好、同事嘲笑我……那麼，「計較是貧窮的開始」啊！

人生就像錄音機一樣，有三個按鍵：

一、Stop 鍵：人不能設限，「Stop the future」，不能停止前進。

二、Rewind 鍵：不能「Rewind to the past」，不能回到過去。

三、Play 鍵：要「Start to play」，繼續往前邁進。

在面對人生的進程，我們都要向湯姆克魯斯一樣，先找出「自己的熱情」，並且勇敢地跨出第一步，才能得到機會。因為，「機會是給願意踏出第一步的人」。

我們不能「**Stop the future**」（停止前進），也不能「**Rewind to the past**」（回到過去），我們只能朝著目標與渴望，「**Start to play**」（繼續往前邁進）。

我們必須看好自己，不能先否定自己。

極受敬重的前經濟部長孫運璿先生曾說：**「做事不要先講不行，要先講非成不可，然後再想怎麼做。」**

是的，人生只要有心、有願，就一定行！

小蝦米致勝語錄

◆「憨」字底下一顆真心、用心與決心，則必能成就自己。

◆用心做好平凡事，則一生不平凡。

◆做事不能先講「不行」，要先講「非成不可」。

翻滾吧，必勝必成的信念

要先相信自己，別人才會相信你。

生命的退路，也是另一個出路。

雲門舞集創辦人林懷民先生，原本就讀政治大學新聞系，可是他對新聞系並沒興趣；赴美留學時，一邊攻讀學位，一邊研習現代舞。後來，他自愛荷華大學英文系小說創作班畢業，獲藝術碩士學位。

林懷民先生並不是專業舞蹈演員出身，但他對於現代舞與編舞，有濃厚的興趣。返台後，他於一九七三年，創立台灣第一個現代舞劇團「雲門舞集」。

從念新聞、英文系、小說創作，到創立雲門舞集，林懷民先生經歷了家人反對、家庭革命、朋友不支持、社會環境不看好……但，他一直朝著自己的目標前進，也「找尋自己的內在價值」。

雲門舞集成立後，林懷民先生帶動台灣的現代表演藝術，也在全台各地巡迴表演，屢屢造成轟動。後來，雲門舞集經常受邀赴歐美等國表演，獲得無數好評。

也因此，林懷民先生榮獲「第一屆世界十大傑出青年」、紐約市政府文化局「亞洲藝術家終身成就獎」、有「亞洲諾貝爾獎」之稱的麥格塞塞獎、歐洲舞蹈雜誌評選為「二十世紀編舞名家」、美國舞蹈節終身成就獎……

林懷民先生曾說：「年輕的另一個名字，叫做勇敢。」

是的，年輕，就是本錢，就要有「勇氣、渴望、企圖與創意」。

一個人，與其每天做一些自己不感興趣的事，

不如勇敢去開創自己有興趣的事。

年輕時，如果林懷民先生選擇當個新聞記者，或教英文，今天就沒有名揚國際的「雲門舞集」。

老天，總是恩待我們，給我們一些才華與能力。但，我們必須選擇最適合自己興趣、做起來最開心的事，不設限自我能力，無畏無懼地努力前進。

所以，「路，只有一條，叫勇敢跑下去！」

■ 人生不設限，除非你給自己製造障礙

然而，人生哪有全都是順境的？一九八八年時，林懷民先生曾對當時的社會

心灰意冷，身心也十分疲倦，他暫停、關閉了雲門舞集的運作，而周遊古印度、中國敦煌等地，也汲取各地的文化精華、不斷地觀察、充電。

這長達兩年的暫停、閉靜、休養生息的修行，給予林懷民先生更多的動力與養分。

林懷民先生曾說：「雲門舞集的暫停，是我這輩子中最好的作品之一；因為，你面對了、反省了、知道你不行了。」

然而，也因為讓自己在困境中，跳脫、抽出身來看清自己，才讓自己有再學習、再出發的脫胎換骨與亮麗。

當雲門舞集再度復出、前進時，路，更寬敞了，台灣社會對藝術與文化的認同感也大幅提升了！而林懷民先生的大名，也逐漸被民眾所注意、肯定。

不過，林懷民先生總是謙虛地說：「**天下沒有不好的觀眾，只有不好的演出。**」林懷民先生帶領團員不管在偏遠鄉村演出，或在紐約、巴黎、莫斯科演出，都是一樣認真；他與團員，始終用燃燒自己生命的熱情，全力以赴、絕不鬆懈。

■ 一場大火，燒掉雲門所有資產

不過，二〇〇八年的大年初六晚上十一點，當所有人還沉浸在年節的歡愉與慵懶時，雲門舞集八里雲門排練場傳出了大火，把雲門過去三十五年的布景、道具、資料、服飾……全都付之一炬。

這場大火，燒掉了雲門舞集的品牌與資產。

那天，大年初六，林懷民先生晚上十一點接到通知，直到凌晨四點清理火場、盤點完畢，早上六點召開記者會，宣布雲門遭遇無情大火肆虐。

林懷民先生沒有時間傷心、悲慟；他在媒體前，忍住淚水，告訴民眾──大火燒掉我們簡陋的鐵皮屋排練場，但是，「我們沒事」「我們一定還會重新站起來」。

林懷民先生確信——「要先相信自己，別人才會相信你。」已經白髮蒼蒼的他，沒有懷憂喪志、一臉哭喪的權利。

在沒有號召之下，一筆筆感動人心的小額捐款，竟不停地匯入了雲門舞集；
小從一、兩百元，大到海外匯入的五百萬美元……
就這樣，默默流入的小小涓滴，竟匯集為雲門重生的大河！

雲門，曾經關閉，但她沒有潰堤、散離。

雲門，曾被無情大火吞噬，但她卻因此，浴火重生。

雲門，沒時間哭泣、沒時間悲傷。在大火之後，更是維持創團以來，一年國內外超過一百場的正常演出。二〇一四年，雲門兩團，共在七個國家演出一百四十二場，讓雲門在世界各國不斷被看見、被肯定。

■翻滾吧，堅定的信念

「信念，要不斷被翻滾，才能美夢成真！」

「作品要不停翻新，才能被賞識！」

雲門遭大火燒盡，但林懷民先生說，他把「累」，化成最簡單的逗號。他生命中有一個「念念不忘的想望」，而他，永遠只知道一直「夾著尾巴工作」。

是的，每個人都要有「想望」「渴望」與「企圖心」。

在大火來臨時、在挫折來襲時，我們沒有傷心、痛哭不起的權利。

「翻滾吧，堅定的信念！」要把勇氣化為行動！

因為，「你可以失敗，但不能不相信你的能力。」

要努力地用ＥＱ智慧，自我溝通、自我躍起——「壯大自己，才能被人看得起！」

自我溝通，邁向成功

在人生的終身學習過程之中，我相信——**「扎實、專注於第一個專長，勝過千百個專長。」**

很多人這個也學、那個也投資，興趣年年換，但不專精，做不出絕佳的成績。張忠謀先生，一生只做一件事「半導體」；林懷民先生，一生只致力於雲門舞集；吳寶春師傅，二十多年的時間，只研究做麵包，拿到世界冠軍。

李安、成龍、馬友友、張惠妹、周杰倫、蔡依林、林義傑……都是以第一專長走紅，沒有人是以第二專長成名的。

然而，生命一定有困境，就像林懷民先生曾關閉雲門兩年、再出發後的雲門也遭大火吞噬；不過——

「退路，也是另一個出路。」

「最低潮，就是最高潮的開始。」

只要我們堅定信念、永不放棄，就一定會有人幫助我們啊！

因為，**「幸福，來自於內在的正能量。」**當我們內心充滿正能量時，我們的臉上，也充滿興奮的歡喜與動力，不畏挫折地往前衝刺。

也因此，**「走對路、做對事，行行都能出狀元。」**

只要不放棄心中的渴望，我們都會是「人才」，也一定會有漂亮的「舞台」。

小蝦米致勝語錄

- 年輕人，你的另一個名字，叫做勇敢。
- 要先相信自己，別人才會相信你。
- 走對路、做對事，行行都能出狀元。

她從女傭，變成女總裁

一個人要儲備幸福存摺，
就要從樂觀自信、積極行動、
把握零碎時間開始！

每次我看到公園裡，或是大樓居家附近，一些外傭推著坐在輪椅上的老先生、老太太，聚在一起聊天或曬太陽時，就會想起一則故事——

蕾貝卡（Rebecca Bustamante）是菲律賓一名家境貧窮的女孩，母親早逝，父親沒有穩定的工作。蕾貝卡在家中十一個兄弟姊妹中，排行老七。她在貧困潦倒的環境中，為了求生存、養家餬口，十九歲就隻身前往新加坡，當富人家的女傭。

離鄉背井，日子不好過，但蕾貝卡總是不想浪費自己的青春時光，也不忘記要隨時學習成長。於是，她買了許多英文書籍回來閱讀。

在新加坡的三年幫傭日子裡，她白天工作，晚上挑燈念書、苦讀。

蕾貝卡說：「每天晚上，主人家裡的人都睡著了之後，就是我最快樂的時光。我總是從晚上十一點，念書到凌晨一點；然後，清晨五點我又起床，開始做家務。我每個星期只有一個休息假日，但我就利用這個休息日，到學校找教授，與教授討論、請教，也一次拿一整個月的功課回家做……」

就這樣，蕾貝卡一直瞞著雇主，
一邊工作、一邊苦讀，最後獲得教授的肯定，
拿到了「新加坡管理學院開放大學」的會計學士學位。

■ 她認真找尋對象，鑽研戀愛書籍

後來，為了賺更多的錢，蕾貝卡又轉往加拿大，當起了保母，也將所賺的錢都匯回菲律賓老家，讓她的弟弟、妹妹們都上了大學。

在二十七歲那年，蕾貝卡認為自己該結婚了，就認真地找對象。她努力鑽研戀愛和約會的書籍，積極找尋對象，並為未來的伴侶列出條件。最後，她幸運地在三十一歲時，找到了相知相守、不離不棄至今的加拿大籍丈夫密爾斯。

而在加拿大當保母的四年期間，她同樣地半工半讀，考獲了安大略省瑞爾森大學會計和行銷的碩士學位，同時，也育有兩名乖巧的兒子。

二〇〇五年，蕾貝卡與丈夫一家四口，決定一起回到菲律賓發展；他們成立了 Chalre Associates 人才招聘公司，為企業界招聘員工與高層管理人才，業務橫跨菲律賓、越南、新加坡、馬來西亞、印尼、加拿大等六國。

■ 她堅定方向、吃盡苦頭，才苦盡甘來

如今，深夜苦讀、堅定信念的蕾貝卡，已經從一名卑微的「女傭」，成為一名大跨國企業的「女總裁」。

有人力專家說，**蕾貝卡是絕無僅有的「超級自強女傭」，她堅定方向、吃盡苦頭，才有今日的成就。**

她看好自己，隨時把握零碎的時間、充實自己。她，讓生命有前景、有目標，絕不隨便浪費時間、輕鬆過日子。一個人要儲備幸福存摺，就要從樂觀自信、積極行動開始啊！

從二〇〇九年開始，蕾貝卡與先生，每年都舉辦了「亞洲總裁論壇」，讓菲律賓與國外的商界領袖們，都能分享他們在國際間，「從零到壯大」的開拓業務經驗。

自我溝通，邁向成功

從「女傭」變成「女總裁」，是一件多麼不可思議、甚至是天方夜譚的事，但，蕾貝卡卻做到了，也讓美夢成真了。

「只要找到路，就不怕路遙遠！」

其實，我們每個人都是「自我生命的建築師」，我們都必須努力打造自己美麗生命的大樓。

「安逸，是人生的安眠藥！」

在安逸時，我們必須找到新目標，不斷繼續進步、保持鬥志，才能創造生命的驚奇啊！

在奮鬥過程中，我們都不能「死守退路」，要「創新找活路」！

在爬山時，我們知道，也都相信——

「爬山、爬山，肯爬就上山。」

「路雖遠，行則將至；事雖難，做則必成。」

我們都在「與挫折同行」，也把挑戰當動力。

因為，**「挫折，就是累積明天的實力。」**

蕾貝卡若沒有在新加坡當女傭時，半夜苦讀、努力拿到新加坡的會計學士學位，就不會有現在當總裁的她了。

小蝦米致勝語錄

◆如果沒有目標，則就算整個宇宙都聯合起來，也無法幫助你。

◆路雖遠，行則將至；事雖難，做則必成。

◆積極行動的態度，可以把能力變得很大。

第二章

激發潛能——別讓別人定義了你

翻轉嘲諷與霸凌，邁向高峰

每天都是一種練習，
練習讓自己「不生氣，要爭氣」，
練習讓自己更有修養、更自信。

在美國，有一個女孩名叫麗茲．維拉斯奎茲（Lizzie Velasquez），天生得了一種罕見疾病叫「脂肪流失症」；這種病無法累積脂肪、增加體重，以致整個人看起來，就像是「活骷髏」一般。

也因此，到了二〇一五年三月時，麗茲就滿二十五歲了，可是她的體重從未超過二十九．五公斤。麗茲可以隨時吃喝東西，但她的體重卻不會有任何增加。

您知道嗎？麗茲這種罕見疾病，全世界只有三例；也就是說，全世界只有另外兩個人，得到這種病症。

除此之外，麗茲的右眼也看不見，氣管、食道都有問題，進出醫院無數次。

麗茲一出生時，醫生驚訝地告訴她媽媽：「妳女兒沒有羊膜水包覆她，完全沒有……」說真的，醫生並不看好麗茲的存活率。

不過，麗茲在父母溫暖的愛中逐漸長大。可是，因為她的身體沒辦法儲存脂肪，所以看起來很乾瘦，完全沒有肉。在學校，她也一直是被小朋友嘲諷、排斥、霸凌、用異樣眼光看待的孩子。

有一天，麗茲回到家，傷心難過地問爸媽：「我到底做錯了什麼？……為什麼同學都不喜歡我？」爸媽叫麗茲坐下來，安慰她說：

「麗茲，妳唯一的不同，是妳比其他孩子瘦小。
妳有這個疾病，但它並不能定義妳是誰。
妳到學校去，抬起頭來，自信地微笑，繼續做妳自己，
那麼，大家將會發現，妳和他們是一樣的！」

是的，「是什麼定義了你？」

是你的外表、美貌？是你的家世背景？是你父母的金錢？

麗茲說，原本她以為外表定義了自己——像活骷髏的肢體、乾瘦如柴的臉龐，一切都很醜、很討人厭，連自己都很厭惡……

然而，她聽了父母的話——讓自己轉念，用陽光態度自信地抬頭，微笑去上學，做一個最棒的自己。

■ 不被刻薄、嘲諷、霸凌所擊倒

在十七歲那年，麗茲為聽音樂而打開 YouTube，卻驚然地看到一段影片，說「這是世界上最醜的女人」。這段只有八秒的影片，竟是她自己的畫面，被不明人士 po 上網。

而這八秒的短片，沒有聲音，卻曾有四百萬人點閱，甚至有幾千人在上面留言：

「麗茲，拜託、拜託，請妳為這個世界幫個忙，舉槍自盡，去死吧！」

「她父母怎麼沒有把她墮掉？」

「在路上看到她，眼睛一定會瞎掉……」

在網路上，無數的刻薄、霸凌留言，讓麗茲痛哭失聲，也痛苦得無法入眠。

她，憤怒無數不認識的網友凌辱她，所以，她也準備要反擊。

不過，後來她的腦中一閃，決定不去理會這些攻擊。

因為，她轉個念頭，告訴自己：

「我的生命操之在我手中，我一定要讓自己的生命更加美好！」

「我要讓那些叫我怪物的人，來定義我嗎？我要讓那些叫我去自殺的人，來定義我嗎？」麗茲是有高EQ智慧、懂得正向思考的女孩：「不，絕不！我要用我的目標、我的成功、我的修養、我的傑出表現，來定義我自己！」

麗茲不被刻薄、凌辱、嘲諷的語言擊倒，因為她認為，要報復這些曾取笑、戲弄、鄙視她很醜陋、說她是怪物的人最好的方法，就是——要讓自己更好、更傑出、更有表現。

麗茲說：「我要把這些霸凌我的負面嘲諷翻轉過來，成為一道長長的梯子，來登上我的生命高峰！」

■ 用成就與修養，來定義自己

後來，麗茲許下心願：「我想成為一個激勵人心的演說家、想要寫一本書、想要獲得大學學位……」

如今，麗茲已經出版了三本書。她也從德州州立大學馬可士分校，獲傳播學士學位。

同時，她也努力訓練自己，讓自己成為一個「激勵人心的演說家」。

當她受邀站在著名的TED演講台上，講述她如何對抗霸凌，也用「自我成就與修養」來定義自己時，輕鬆自如的穩健台風，吸引了逾千萬人收看。她的粉絲逾三十一萬人，也讓她成為一位「知名的勵志演說家」。

自我溝通，邁向成功

「人生，是不斷反覆練習的旅程。」

我們每天都在練習，練習讓成績更好、練習讓自己更有人緣、練習讓自己更專業、練習讓自己修養更好、不生氣、不發火……

真的，有時我們被嘲諷、被說風涼話、被汙衊不實的話、被言語霸凌……但，**「每天都是一種練習」，練習讓自己「不生氣，要爭氣」，練習讓自己更有修養、更自信。**

就像麗茲一樣，她不幸罹患脂肪流失症，但她每天練習讓那些刻薄的無情霸凌，不再煩擾、打擊她。她用自己的成就與表現，來定義最棒的自己，並「自信於人群之前」。

大家一定都看過鴨子，也看過「鴨子划水」。

鴨子在水中游水時，在水面上很優雅，但兩腳在水裡，划得很勤快——

這就是「鴨子哲學」。

我們都可以像鴨子一樣，優雅自在、從容自若地划水，但水底下，我們是有目標、很勤快、有耐力地努力划水，絕不貪懶、懈怠。

因為，**「行動，讓夢想更有力量！」**

我們絕不被流言、譏諷、中傷、霸凌所擊倒。

我們一定要自信於人群之前，也在困境中，洋溢笑臉！

小蝦米致勝語錄

◆要用成就與修養，來定義自己。

◆每一天，都是一種練習——「充滿自信、洋溢笑臉！」

◆行動，讓夢想更有力量！

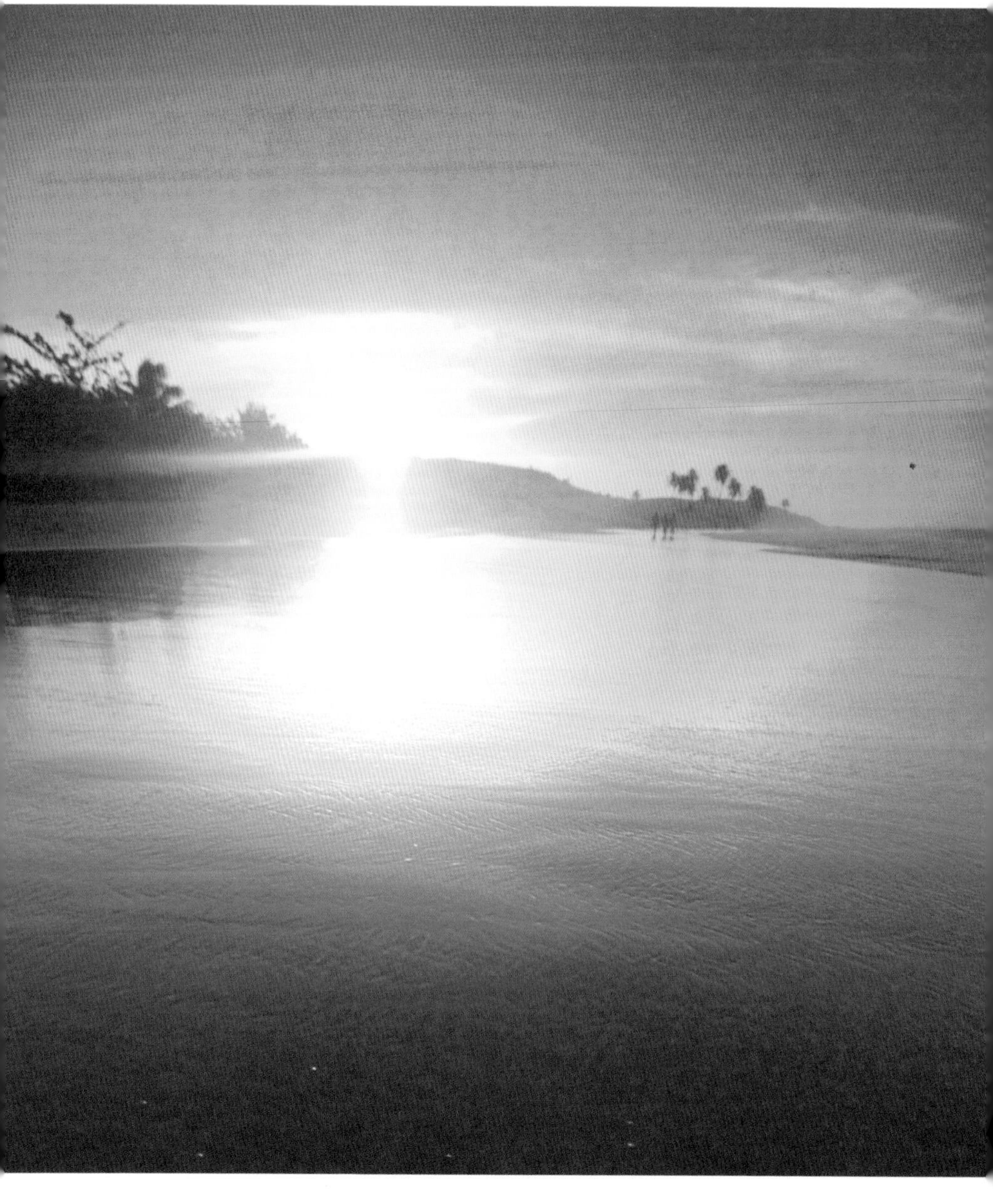

路能走多遠，看你跟誰一起走

他每天早上五點，天還沒亮，
就騎四十分鐘的腳踏車，
到杭州的酒店門口……

這幾年來，中國馬雲先生的企業愈來愈壯大，成為中國的首富級人物，也在美國掛牌上市，成為中國無人不知、無人不曉的大企業家。

在台灣，我對於馬雲先生的了解並不多，只知道他以前曾經是一位英文老師，後來離開教職，開創了阿里巴巴與互聯網，也逐漸成為中國超大規模的企業家。

最近，我在網路上看到馬雲先生受邀到聯合國，在一場聚會中演講。在短講的影片中，馬雲先生說，他在十二歲時，就開始喜歡上英語，每天都不斷地自修、自學英語。甚至，他每天早上五點，天還沒亮，就騎四十分鐘的腳踏車，到杭州的酒店門口。為什麼？

因為，杭州酒店有許多外國遊客住宿，遇見外國遊客，馬雲先生就主動找他們講話、聊天，並表示，願意免費帶他們做城市或西湖等景點的導覽，而交換條件是——請外國遊客教他講英語、用英語與他交談。

在聯合國演講的影片中，我看到、聽到馬雲先生用極流利的英語，輕鬆自如地站在講台上談笑風生；他的幽默談吐，連在場的外國人聽了都哄堂大笑，而我，心中也不禁生起感動與敬佩之心。

我想，馬雲先生成功的起點與特質，就是「創造機會、主動學習」。他在小小年紀，就願意犧牲睡眠，每天早上清晨五點，騎著四十分鐘的腳踏車到杭州附近的酒店，找外國人攀談，創造學英語的機會，以致英語能力大增，後來成為英文老師，以及大企業家。

等待機會，不如把握機會；
把握機會，不如創造機會。
好運，就是當機會來臨時，你已經做好萬全準備了。

■改變自己，從一個小小的實踐開始

年輕時候的我，念國立藝專廣播電視科。我來自鄉下，知道自己的國語講得不好，若將來想在廣播電視圈中工作，勢必得下一番苦功，努力把國語學好。於是，我就請朋友幫我介紹，認識了中廣公司的知名男播音員閻大衛先生。

閻先生很熱心，也願意提攜後進，每週抽出半小時，教導我如何練習發音、播音，也糾正我語調、咬字等缺點。

為了給閻先生聽我大約五分鐘的播音錄音帶，我每天在家，至少花一個小時唸報紙、文章。我總是拿起報紙，不停朗讀文章，也自己錄音，反覆聽、自我修正。

我相信，改變自己，就從一個小小的實踐開始。

我很珍惜閻大衛大哥願意每週花半小時的時間教導我，因為，他是極知名的播音員。在中廣公司播音室的播音員，都是全台最有名、最好聽的金嗓子，受邀在外面幫企業錄製廣播或電視的廣告旁白、廣告詞，每十秒、二十秒，就有很高的收入。

而閻大哥卻是如此親和，對我分毫不取，願意花時間教導我、幫助我、鼓勵我，我怎能不努力練習、自我加油呢？

只要開口請教，就有貴人相助

後來，我也主動打電話到中央日報、國語日報，找副刊主編先生，請他們抽空看我寫的文章，並給我改進的意見。

我知道，我這些動作都是增添別人的麻煩與困擾，但是——

我期待我能更進步、更優秀，就要主動請教前輩和高手。
只要我有準備、有努力、也夠誠懇、虛心，
這些前輩都一定會幫助我、助我成功的！

我確信——「生命沒有奇蹟，只有辛苦的累積。」

想成功，就要先確定自己的目標，不斷為自己創造機會。而且，只要堅定信念、全心投入，就一定會有貴人來幫助我們，襄助我們邁向成功與勝利。

自我溝通，邁向成功

「路能走多遠，看你跟誰一起走！」

想成功，就要有「主動開口、勇敢請教」的好習慣。

只要勇敢、誠懇地開口、請教他人，或許有些人會拒絕我們、不理會我們，但，也一定有人願意幫助我們。這些人，都會是我們成功的貴人啊！

真的，**「想要成為什麼樣的人，就要結交什麼樣的朋友。」**

我不喜歡每天無所事事，每天沒有學習、沒有進步。我要多閱讀、多看別人的優點，並主動認識、結交積極向上的人。只要知道自己的方向，學習前輩、成功人士的優點，我們就能夠見賢思齊。

也因此，**「想成功，就要多結交成功人士。」**

這裡所謂的成功人士，並非指「賺大錢」的人，而是指心態上、思想上、行動上，充滿著積極努力、不斷突破、創新，並且永不放棄的人。

我們都可以「主動出擊、創造機會」！

就像馬雲先生一樣，用主動出擊的行動，來改變自己的命運，也讓我們的人生，從此不一樣。

小蝦米致勝語錄

- 養成主動開口、勇敢請教的好習慣。
- 改變自己，從一個小小的實踐開始。
- 想成功，就要多結交成功人士。

學歷代表過去，學習力代表未來

人生不怕辛苦，只怕沒盼望。

看到成功人士的用心與實踐，

我們也要如法炮製，就能離夢想愈來愈近了！

新山市，是馬來西亞的第二大城市，過個河，對面就是新加坡，是個很特別的城市。每次到新山演講，都有很多熱情的讀者與朋友前來參加。

在一場千人的演講會中，我和大家分享許多故事，但也不忘提醒讀者們必須「寫筆記」，因為「**記憶是短暫的，記錄才是長遠的**」。

也因此，在我的演講會中，除了前面開場白，以及後面與讀者的互動之外，正式的演講會，我是禁止聽眾拍照的！因為，「**自古成功靠勉強**」，我要勉強聽眾寫筆記，用心、用力，認真地把別人的智慧寫記下來，而不是只靠「拍照」這種輕鬆的方法，去拍攝講師的重點內容與名言佳句。

或許有些聽眾會罵我，說我「很沒意思」「很難搞」「很龜毛」……但，我依然堅持我的想法與做法。

因為，我相信：「**成功，是要用勤奮去交換的。**」如果只會選擇輕鬆、偷懶的作法，不務實、不切實際，將來就一定會懊悔。

其實，在我強迫大家聽演講、做筆記之後，大家都很認真，也在會後寫下二、三大張的筆記，收穫滿滿。

「寫」與「不寫」，都是一種選擇。

「做」與「不做」，也都是內在動力的驅使，或放棄。

「問題不在難度，而在態度。」

當一個人的態度對了、奮起行動，幸福就來了！

成功，很不容易，也絕非天上會掉下來的！所以，「**想成功的人，沒有悲觀、抱怨的權利！**」

而且，「**心在哪裡，行動力就在那裡！**」

「心不難，事就不難。」

用心聽眾，將名言佳句做成電子檔

上述的許多好話、經典名言，都是我在各處閱讀、內化後，再以故事的方式，與台下聽眾分享……

在新山演講會後的隔一天，我就接到其中一名讀者劉志偉，把聽我演講的重點內容，立刻做成PPT，放在手機裡，也將一份寄給我。

志偉對我說：「戴老師，謝謝您昨天強迫大家寫筆記，我收穫甚多。回到家，我的內心滿是激勵，我捨不得睡覺，就拿出筆記，把其中的好話、名言佳句，配上我們公司最近到峇里島、韓國旅遊的照片，製作成電子檔，放在手機裡……當我感到挫折、灰心喪志時，就可以隨時從手機上，看到戴老師您給我們的激勵話語……」

聽到志偉的這番話，我真是感動。

他聽完演講，不思睡覺、休息，立刻行動，把聽講重點與旅遊照片，做成電子檔，放在手機中，隨時惕勵自己。

「學歷，代表過去；學習力，代表未來。」
「成功，不是靠能力，而是靠努力。」
「有心、有願，才有行動力。」

同時，一個人只要能「改變心境」，就能「脫離困境」，命運自然也就會跟著好轉。而在做事方面——

「提早出發，就能提前到達；
提早開始，就能提早結束。」

我們要懂得做好「頂尖三C的自我」——**自我控制**（Control）、**自我承諾**（Commitment）、**自我挑戰**（Challenge），更要做一個別人無可取代的自己。

有行動力、執行力的人，必會成功

志偉一個晚上不睡覺，聽完我演講的隔天，立刻把做好的電子檔電郵寄給我，我不禁讚嘆、感動，也為他鼓掌叫好！

有渴望、有企圖、有行動的人，一定會成功！

果然，志偉在新山的保險團隊，榮獲該公司馬來西亞南馬區，頂尖團隊第二名，他也多次接受公司招待，到世界各國旅行。

在此，謹選擇部分新山志偉寄給我的電子檔圖片，在文末與讀者們分享。

自我溝通，邁向成功

新加坡總理李顯龍說，他從父親李光耀身上學到，最重要的是——**「你必須知道要做什麼，而不是只聽從別人告訴你該做什麼。」**

是的，每個人都有自己的想法、才華，以及自己的方向與目標。我們都要清楚自己「會什麼」「不會什麼」？自己「要什麼」「不要什麼」？

愈早知道自己想要什麼，並且積極去執行、力行，就愈能提早找到自己的人生舞台。

本文中的讀者志偉，他清楚知道——聽一場演講，一定要有收穫，同時，要把這些收穫、筆記，明確地文字化、圖像化。他更是做成電子檔，放在手機裡，讓自己時時能看見，來惕勵自己！

所以，年輕人不妨想一想：「Can I make a difference？」我能多做些不一樣的嗎？一個人只要多努力、多做出與眾不同的「差異化」，就可以讓自己更突出、更特殊、更能被看見、被賞識。

常有人說：**「如果年輕時，我能多衝一點就好！」**

的確，多衝刺一點、多努力一點、多堅持一點……而且，還要「多拋棄一點」，拋棄那些玩樂的心、自我放縱的心、懈怠懶散的心……

所以，**「人生不怕辛苦，只怕沒盼望！」**

看到成功人士的用心與實踐，我們也要如法炮製，學習他們的優點——**「把熱忱當基石」**，就能離夢想愈來愈近了！

小蝦米致勝語錄

◆問題不在難度，而在態度。

◆要知道自己會什麼、不會什麼？要什麼、不要什麼？

◆人生不怕辛苦，只怕沒盼望。

心
在哪里
行动
就在那里

THE MINDEST TO SUCCESS

想
成功
的人
没有
悲觀的權利

THE MINDEST TO SUCCESS

自我控制
Control

自我承諾
Commitment

自我挑戰
Challenge

THE MINDEST TO SUCCESS

心不难

事就不难

THE MINDEST TO SUCCESS

学历
代表过去

学習力
代表未來

THE MINDEST TO SUCCESS

改变心態

就能改变人生

一个人的積极心態
是成功最重要關鍵

THE MINDEST TO SUCCESS

成功

不是靠能力
而是靠努力

想成功就必須投入，
空想没用，
積极去做吧！

THE MINDEST TO SUCCESS

有心
有愿

才有行动力

THE MINDEST TO SUCCESS

改变心境

就能脱离困境
命运自然也会跟着好轉

保持

認真態度

用心完成每件事
会美梦成真

THE MINDEST TO SUCCESS

主动

站出來
勇敢表現自己

表現自己的才華才能

展露頭角

THE MINDEST TO SUCCESS

照片提供：戴晨志

主動溝通，秀出最棒的自己

一個人重要的是擁有什麼能力，
而非缺少什麼能力。
衷心微笑、主動溝通，生命就會更加亨通。

二〇一五年五月初，三十二歲的台灣指揮家莊東杰，打敗全球三百一十六名指揮家，在北歐丹麥奪下馬爾科國際青年指揮大賽的首獎。

莊東杰勇奪這項大賽首獎，不僅可以獲得兩萬歐元（約台幣六十八萬元）的獎金，還可以在三年之內，指揮二十八個歐洲知名樂團，包括「慕尼黑愛樂」與「維也納愛樂」，而他也將成為第一位指揮維也納愛樂的台灣人。

馬爾科國際青年指揮大賽，每三年舉辦一次，今年共有來自全球的三百一十七位青年指揮家參賽，最後選出莊東杰與兩名德國籍好手，以指揮丹麥國家交響樂團，來一決勝負。最後，評審團一致通過，由莊東杰奪下首獎。

在頒獎典禮上，評審稱讚莊東杰是「很有想像力的指揮，能在最短時間內，洞悉團員的能力」「莊東杰有一種天賦與熱情，可以馬上走進樂團的心靈，再引領樂團進入他的內心世界，一起呈現出音樂的畫面……」

獲得這項殊榮，莊東杰太高興了，因為這個獎，等同於美國葛萊美音樂獎，也等於是拿到進入國際舞台的入場券。

■ 找到自我興趣，秀出最棒的自己

然而，莊東杰在年輕時，也曾經為自己的前途迷惘過。

莊東杰出生在音樂世家，外公、父母親、舅舅、舅媽都是音樂家；而他也從小學習鋼琴與法國號，十五歲時，就獲得全台灣音樂比賽法國號冠軍。

但國中畢業後，他到美國求學，後來進入印第安納普渡大學念統計學系。念了三年的統計，雖然將來的出路很廣，但，似乎不是他的興趣與最愛。

莊東杰在統計與音樂之間困惑、拉扯、猶豫、徘徊……最後，他毅然在大四時決定，先拿到統計學學士，但將來一定要朝著音樂方向走。

這個決定，讓他的生命一下子「柳暗花明」，因為——「做自己喜歡的事，是最令人歡喜、快樂的事」。

二〇〇六年，莊東杰考上辛辛那堤音樂學院，主修指揮，重回音樂的懷抱，也在兩年內，拿到指揮碩士。在快樂的興趣與學習中，他發揮指揮的長才，多次拿下音樂指揮大賽的佳績。也預計在二〇一五年七月，拿到德國威瑪音樂學院博士學位。

■ 主動溝通、用心破冰

一名台灣人，如何在全世界指揮大賽中，收服丹麥國家交響樂團團員的心，一起合作、完美演出，而獲得首獎？——這，是我最想知道的答案。

莊東杰在接受記者採訪時說，進入最後總決賽時，他們有與團員排練的時間。為了與團員拉近距離，他想到的辦法就是「主動破冰」，而這項絕招就是「說丹麥語」。

莊東杰事前偷偷請人教他丹麥語，所以在第一次上台排練時，就用很破的丹麥語，對所有團員說：「大家午安，我是莊東杰，我是來自東方台灣的火燒木頭。」——故意把「東杰」說成「東方」與「杰」（火燒木頭）。

此話一出，大家都笑翻了，也立刻拉近與團員的心。

莊東杰說，他臨時惡補的丹麥語非常地爛，但他想讓團員知道——

「我很努力要跟大家溝通，無論是用指揮棒或是語言。後來，我得知，最後二十四位的入圍者，除了我之外，沒有一位指揮與丹麥國家樂團說丹麥語。」

在頒獎典禮上，大賽主審奧拉摩說，這項比賽，是要選出一位「有未來性」的指揮；而這些條件，包含對音樂的詮釋能力、想像力、與樂團建立默契的溝通能力、親切感與幽默感。

當我觀賞莊東杰在總決賽的指揮影片時，看到他自信、從容的態度，微笑、挑眉的豐富表情，專注、激勵的眼光……在在說明他的音樂指揮素養與主動溝通的能力，是超人一等的。

■ 山不會過來，要主動朝山走去

人與人互動之中，主動釋出善意，是很重要的！

因為，山不會過來，我們要主動朝山走去，才能登上高峰。

所以，莊東杰的開場白，用丹麥話與團員主動溝通，就能「破冰」——融化彼此原先陌生的關係，也贏得團員的心。

「想獲得別人喜愛，就要先去喜愛別人。」

「眼光對視、真心對話、用心相待，就能滿足對方的自我尊嚴感，也能贏得友誼。」

莊東杰雖然一度為專長、前途感到困惑，也念了四年統計系，但最後終於找到最棒、最適合他的一條路。然而，過去的挫折與冤枉路，也成為他在音樂表現上的養分——讓他擁有更開闊的眼光與溝通能力，也更能與團員打成一片，而不是「一直躲在音樂世界裡」而已。

所以，「主動溝通」「用心破冰」，也敞開心胸，「用歡喜心接納別人」，就一定會被別人喜歡。

自我溝通，邁向成功

在邁向成功的自我摸索階段，我們都可以靜心地思考：

「我是誰？」

「我最喜歡做的事情是什麼？」

「哪些事是我的強項？」

「我最自豪、引以為傲的事是什麼？」

「將來我最適合做哪些事？」

認清自己的優勢、知道自己的才華、誠實地面對自己，是啟動成功自我生命的關鍵。

很多人大學畢業了，都不清楚自己的興趣，也不知道自己最想要做的工作是什麼？會做的事，沒有熱忱，不見得真心喜歡；有熱情的事，迫於環境或待遇太低，又不想去做。

莊東杰大學念的是統計，因為出路廣；但後來他覺得，音樂才是他的最愛，才放棄統計，朝他的最愛音樂去努力。因為，做自己喜歡的事，才是最令人歡喜的事啊！

管理學大師彼得．杜拉克說：**「一個人重要的是擁有什麼能力，而非缺少什麼能力。」**

我們必須了解自己擁有什麼強項與能力，不要忽略自己所擁有的，而一心去追求自己所沒有的，或自己沒有興趣的。

只要找到自己的興趣與熱愛，勇敢轉彎、用心去做，任何領域都會有出路。

所以，**「消極的人，時常抱怨；積極的人，勇於找出路。」**

同時，**「衷心微笑、主動溝通」，生命就會更加亨通。**

在生命低潮期，我們是否憂鬱、沮喪，而忘了微笑？但是，我們都別忘記——「對人微笑」是最便宜的投資，也是傳遞溫暖的正能量，它可以讓我們的人際關係，更加美好！

小蝦米致勝語錄

- 找到自己熱愛與認同的工作，生命才有幸福感與成就感。
- 成敗靠用心，輸贏靠細心。
- 想獲得別人喜愛，就要先去喜愛別人。

自信態度，決定自己所走的路

在這個世界上，一定會有人譏笑你、嘲諷你，

但，別把這些話放在心裡，

把它揉一揉、丟掉，就好了！

在馬來西亞演講時，我聽聞一位小時候得了「玻璃娃娃」病症的年輕人，後來克服種種困難、努力向上，而成為一名執業律師，也是馬國的十大傑出青年。於是，我在吉隆坡搭機返台的前半天，特別透過朋友的安排，專程去探訪這位令我敬佩的馬來西亞傑出華人……

沈偉鴻，從小就是所謂的「玻璃娃娃」，走路很容易跌倒、骨折。我問他，骨折的情況是怎樣？痛不痛？

他笑笑地反問我：「戴老師，你有沒有牙痛過？」「有啊！」「你痛不痛？」「很痛啊！」我回答。

「我跌倒骨折的痛，大概像是牙痛時兩百倍的痛。」沈偉鴻對我說。

也因為沈偉鴻不良於行，所以他小時候，只能經常在地上爬行。

當時，他看到了台灣出版的一本書《汪洋中的破船》（後來改名《汪洋中的一條船》），作者鄭豐喜先生的身體情況和他有點類似。他說，他不敢在學校看這本書，怕同學會取笑他，所以，他只能帶回家偷偷地看。

後來，由李行導演、秦漢和林鳳嬌主演的電影《汪洋中的一條船》也在馬來西亞上映。沈偉鴻說，他不敢到戲院去看，怕會碰見同學，後來是媽媽硬拖著他，帶他到戲院去看這齣電影。

看完電影後，他說，鄭豐喜是台灣的十大傑出青年，他將來不僅要站起來，也要和鄭豐喜一樣，要念法律、要當律師，也要成為馬來西亞的十大傑出青年。

■ 被譏笑、嘲諷，內心很痛

坐在執業律師的辦公室裡，沈偉鴻對我的到來，顯得十分開心，也娓娓道來他的心路歷程：

「我還記得，我在上中學的那一天，剛剛才能用拐杖走路，因為小學六年級以前，我都是在地上爬，後來去大醫院動過手術後，才慢慢學習站起來走路。」

當時，他同班有個同學是小兒麻痺症，所以他們兩個人就常自卑地玩在一起。有些高年級的同學看到，就會用嘲笑的口吻說：「哈，難兄難弟哦，兩隻爬行動物……」

沈偉鴻聽在耳裡，難不難過？當然難過！

「有沒有人會譏笑我？嘲笑我？……有，一定是有的！這個世界上，你走出來了，就一定有人會譏笑你、嘲諷你！可是，你需不需要把人家嘲笑你的那些話，一直放在心裡呢？還是，你把它揉一揉、丟掉，就好了！」

沈偉鴻自信滿滿地對我說：

「我覺得我的臉皮比較厚！

當我聽到別人嘲笑我時，我的心會很痛，

但是，我會把別人講我的那些話，揉一揉、丟掉，忘記它，自己則擦乾眼淚，繼續往前走。」

沈偉鴻律師的個子很矮，站在我身旁，不及我的肩膀，但他講話時，信心十足、眼光炯炯，也面帶微笑；因為，從小到大，許多的挫折與嘲諷，他都已經經歷過了。如今，他是馬來西亞的十大傑出青年、政府冊封的拿督、執業律師，也是個創意十足的漫畫家。

他結婚了，有個漂亮、可愛的女兒。

「戴老師，你知道嗎？後來我找到了一個克服自卑的好方法。」沈偉鴻說。

「什麼方法？」

「最好的方法，就是我一直出現在人們眼前。你第一次看到我，你會笑我，第二次，你也可能會再笑我。但，如果你看到我第三次，還會笑我、覺得我奇怪的話，我覺得你比我更奇怪。」

沈偉鴻的這番妙論，讓我和現場的朋友，都笑了出來。

的確，一個人的身體有缺陷，第一次看，會很奇怪，但看了三、四、五、六次，「你如果還覺得我很奇怪，我覺得是你自己腦筋有問題。」沈偉鴻幽默地說道。

■勇敢面對短處，自我解嘲

所以，沈偉鴻說：「我很想鼓勵一些身體有缺陷的孩子，比如說，你的腳上有個瘡疤，不敢給人家看。但終究有一天，你揭開褲管的時候，讓人家看到了，人家會覺得很奇怪；可是，如果你每天穿短褲的話，就沒有人再看你了！」

也因此，沈偉鴻對我說，他克服自卑的最好方法，就是──「把你的短處拿出來，讓大家欣賞。」這，也就是在說，勇敢面對自己的短處，自我解嘲吧！

一個人的態度，決定自己所走的路！

我們可以學習——把別人譏諷、嘲諷我們的話，揉一揉、丟掉它、忘掉它，就好了！

也「把嘲笑當激勵」，拿出自己的短處，讓大家欣賞，同時，更要自信微笑地，往前方成功的道路邁進！

自我溝通，邁向成功

我相信，沈偉鴻律師在他的奮鬥過程中，「人生路上，哭過好幾回」。但是，他的個性堅強、樂觀，也絕不自怨自嘆、不抱怨。

「不要習慣抱怨！」這是成功人士的特質。

抱怨環境不景氣、抱怨工作不好、沒出路，抱怨主管不好、政府不好……一味地抱怨，於事無補。

「開始做、勇敢做、奮力做，才有翻身的機會。」

所以，**「人生會有缺陷，但沒侷限。」**

我們絕大部分的人，都比沈偉鴻來得幸運。我們四肢健全，也不是玻璃娃娃，都有正常的身高；可是，我們缺少他的堅強和毅力，也沒有他「超越困境、打敗逆境的信心與決心」。

的確，**「態度，決定一個人的高度；態度，決定自己所走的路。」**

「世界並不可怕，可怕的是我們內心那顆害怕的心。」

沈偉鴻從小在地上爬，被同學嘲笑是「爬行動物」，但他把嘲笑的話，揉一揉，丟掉它，擦乾眼淚，繼續前進。

譏諷與嘲笑，也都變成是他人生中——「化過妝的祝福」啊！

小蝦米致勝語錄

◆人生要樂觀，不要習慣抱怨。

◆人生會有缺陷，但不能自我設限。

◆世界並不可怕，可怕的是內心那顆害怕的心。

《漫画我一定要站起来》
XXX
强力推荐
小光头列传
第一集
沈伟鸿 亲笔制作

本会法律顾问
拿督沈伟鸿律师
荣获美国高登大学
法律荣誉博士学位
博学多才
丹小校友会全体同人敬贺
18/09/2010

照片提供：戴晨志

嘲諷與屈辱，是成功的最大動力

殘酷與挫折，永遠都會有。

我們要跳出傷口，

不能一直躲在暗角哭泣、埋怨。

受邀到台灣屏東演講時，有個朋友帶一位知名的腦神經科醫師來見我，並聽我演講；在演講過後，我們一起聚餐、聊天。

這名醫師在閒談時說，他很喜歡運動，讀高中時，還是一名運動健將呢！

「真的啊？你的專長是什麼？」我好奇地問。

「我是喜歡跑步，短跑、中距離，成績都不差啦，也曾經在全台田徑比賽中，多次拿到金牌……」這名醫師說。

不過，席間，他也透露了一個念高中時，「談戀愛」痛徹心扉的往事……

念高中時，這醫師喜歡運動，每天汗流浹背地跑步、鍛鍊體魄，但不喜歡念書，所以功課很差，沒有考上任何一所大學。而他的女朋友，成績不錯，考上了中部的某一所私立大學。相形之下，他沒有大學可念，真的很丟臉！

有一天，這念大學的女朋友對他說：「我們不要在一起了好不好？我的壓力很大，你知不知道？我爸媽也都反對我們繼續交往……你看，你的成績這麼差，連一所大學都沒得念，每天就只會運動、跑步、拉單槓、舉啞鈴、練肌肉……說實在的，你的肌肉練那麼結實又有什麼用？以後也找不到工作啊！我們真的不適合在一起了……好嗎？」

這男生聽了，沒有回答，低著頭，直到女生轉頭離開。

這女生，講的都是實話，他有什麼臉，可以反駁人家呢？自己沒有大學念，身上也沒什麼錢，哪有資格再跟她交往呢？

■選擇理性，不去做傷害對方的事

這男生回家後，靜下心來，痛定思痛，決定要振奮自己、立定方向——絕對要考上好的大學。於是，他決心到補習班補習，暫時放下田徑、跑步、鍛鍊肌肉的嗜好，專心於一目標——

考上一所好大學，才能證明自己是個有用的人，
否則，他只會被女朋友譏笑為
「一個四肢發達、頭腦簡單、沒學校可念」的無用之人。

一年之後，這男生果然不負自我使命，以優異的成績，考上國防醫學院，在醫學系裡專攻腦神經醫學。不過，他仍然重拾原來對田徑運動的愛好；在念國防醫學院期間，依然鍛鍊身體、恢復跑步練習，甚至還代表台灣出國比賽，多次奪得獎盃回來。

這名醫師，坐在我對面；我一直吃、一直問，也一直傾聽，才挖出這段他年輕時，既心酸、心痛，卻又令人刻骨銘心的往事。

他說，還好當年，他懂得克制自我情緒，沒有大哭、大鬧，也沒有去糾纏女方，或憤怒地找她談判，或氣憤地拿硫酸把那女生毀容……

對於突來的變局、分手，或極度難以忍受的嘲諷，他，選擇靜默地承受了。

他把「挫折」轉化成正向的力量，含著眼淚，退出情場的賽局！

他，選擇理性、不衝動，不去做傷害對方、傷害自己的事。他，靜下心，轉個念，找到下一個新目標，努力去衝刺。

他把「悲憤化為力量」，也把「怒氣，轉化為爆發力」，讓自己做出最漂亮的成績來。

■ 真感謝當時被女朋友甩了

「後來，你還有機會和這女朋友見面嗎？」我問。

「有……有一次，我代表國防醫學院參加全台的運動會，剛好在她的學校附近，她有來看我比賽，我們互相祝福，健康快樂……」這醫師微笑地對我說。

從一個被迫分手、沒大學可讀、低頭無言的小子，立志考上好學校，到國防醫學院畢業，從實習小醫師做起，慢慢成為一位知名的腦神經醫師。後來，他被高薪禮聘，到屏東最偏遠的一所大醫院，去擔任懸壺濟世的名醫。

這頓飯，吃得真是寶貴啊！我吃飽了，也認識了一位名醫，更聽了一則很棒的激勵故事！

這醫師對我說：「真是感謝當時被女朋友拋棄……要不是當時女朋友用重話來嫌棄我、刺激我，甚至真的拋棄我，我也不會立定志向重考大學，考上醫學院，也就不會有今天的成就了！」

自我溝通，邁向成功

屈辱，是一個人積極向上的最大動力！

嘲諷，是一個人惕勵自我的原動力。

被扯後腿，是讓自己健步如飛的最大關鍵！

殘酷與挫折，永遠都會有。我們要跳出傷口，不能一直躲在暗角哭泣、埋怨。

人就是要「改變心境」，才能「脫離困境」啊！

而且，在挫折時，也要如同左宗棠所說：**「發上等願，往高處立，向寬處行。」**

所以，在遇到「心理撞牆期」時，我們要懂得情緒管理、自我溝通──**「被嘲笑時、氣不過時，別憤怒、別追殺，要靜靜走開！」**

因為，脾氣一發作時，情境可能一發而不可收拾。

別爭論、避免惡言相向、也停止追殺，要讓氣氛和緩下來，並告訴自己：

「我就是要──把嘲笑當激勵！」

「我要能屈能伸，也蓄勢待發；我要忍一時之氣，練好一身本事。我一定要比你更好、更強、更厲害！」

小蝦米致勝語錄

- 不生氣，是一種本事。
- 不要只會生氣，卻不知爭氣。
- 「發上等願，往高處立，向寬處行。」

第三章

正面樂觀——

勝利總在堅持後

我不自棄，誰能棄我？

一個人只要有心、有願、有正能量，
就會有大力量，
一切困難，都能堅強面對、迎刃而解。

在馬來西亞的書展演講會後，一名約四十歲的讀者拿書排著隊，請我簽名，並遞上一張名片對我說：「戴老師，謝謝您的書，改變了我的生命……」

那天，排隊簽名的讀者很多，我微笑地謝謝這位讀者的美言，也將他的名片放入口袋中。回到台北後，我拿出這張名片，看到這位「鄒先生」在他的名片學經歷中，用藍筆註寫著「十年前」「三年前」「今年」等字。

我對這些註寫文字不太了解，又很好奇。我想，它一定是有一些意涵的。於是，我打電話到吉隆坡，詢問鄒先生。

「您是戴老師啊？不好意思，讓您從台北打電話來……我『十年前』看了您的書，努力從一所私立專科學校畢業，拿到專科文憑……後來，我又一邊工作，一邊念書。『三年前』，我又從吉隆坡一所私立大學畢業，拿到學士學位……」鄒先生很開心地在電話中與我分享。

「那今年是什麼意思呢？」

「今年，我又從國立大學畢業，拿到ＭＢＡ的碩士學位了！」

「哇，太棒了，你真厲害！」我說：「你一邊工作，一邊念書，一定很累、很辛苦哦！」

「是很辛苦！我白天工作，要衝業績，下了班，晚上又要趕到學校上課、寫報告，真的很累！」

鄒先生的名片上印著「×××高級經理」，名片背面也用藍筆寫著：

「戴老師：

信念，這兩個字的確是存在的！

勝利總在堅持後！

我終於圓了我的碩士夢了！謝謝您！」

其實，一個人只要「有心、有願、有正能量，就會有大力量」，一切困難，就都能堅強面對、迎刃而解。

因為，「我不自棄，誰能棄我呢？」

人生在面對挫折時，只要「改變心境」，積極行動，就能「脫離困境」。

■ 安逸，是人生的安眠藥

過了約半年後，鄒經理又寫電子郵件給我，告訴我——

「戴老師：

我喜歡您所說的一句話——力量來自渴望。

我剛收到本地國立大學的博士學位（政策研究）的錄取通知書了，八月底要開課了。

完成這個課程後，等我年紀比較大了後，我要成為一名大學講師……」

這位來自馬來西亞吉隆坡鄒經理的真實故事，讓我十分感動。即使過去沒念什麼書，但只要有渴望、目標、行動，就讓自己從私立專科學校、私立大學和國立大學研究所，一路念到博士班，而且還是一邊辛苦工作呢！

「安逸，是人生的安眠藥！」
每個人，都要有「強烈的成功饑渴性」，才能成功啊！

真的，「薪水是為今天而活，成長是為明天而活。一個人不成長、不進步，就會被社會淘汰啊！」

相反地，只要有「強烈的成功饑渴性」、有目標、有願景，就像鄒經理一樣，「多走一里路，就會為自己創造出附加價值」，也讓自己的生命，活得更光彩、更燦爛！

報載，一名台南成功大學黃姓大一學生，在下午下課之後，與同學分騎三輛機車，從台南直奔台北，在晚上參加台北一〇一大樓前的跨年晚會。而後，又再騎機車，於深夜狂奔東岸花蓮，想趕在清晨六點三十分，於七星潭欣賞首次由F16戰機開場、迎接二〇一五年第一道曙光的活動。

然而，在半天之內，騎機車狂趕五百公里的行徑，終究是疲憊、危險的。黃姓同學等五人，為了不疲勞駕駛，採「五人三車」方式替換，累的人，就坐在後座休息。

可是，在清晨六點二十七、八分時，同學們好像聽到飛機引擎發動轟轟作響的聲音，大家以為F16戰鬥機要起飛了，紛紛抬頭往天空看。其實，當時距離機場還有三十公里呢！

就在焦急、抬頭望天空時，黃姓同學自騎的機車搖晃了一下，就直接撞上了蘇花公路的明隧道柱子，當場死亡。當時，清晨六點二十九分。

看到這則新聞，我心真是悲慟啊！也可想見，黃姓同學的老父，趕到出事現場、看到愛子冰冷的遺體時，是如何哀慟萬分。

孩子啊，你為什麼要這麼做？才半天的時間，你為什麼選擇騎機車狂奔五百公里——從南台灣，到北台灣，又狂殺到東台灣？這選擇、這行動，讓念國立成大的你，最後斷送了生命！

「選擇」，是要選擇對自己有幫助、能向上的事啊！

古人說：**「寧走十步遠，不走一步險。」**

勇氣，如果欠缺智慧，將流於躁進、衝動與盲動，也害人害己！

人生要幸福，需要努力爭取、追尋。

然而，既然念了國立大學，就要懂得用智慧來做選擇——「要衝動去做危險的事嗎？騎機車夜裡狂奔五百公里，有必要嗎？」

若能把衝動、盲動，轉換用在「正向目標」上，讓自己在課業、專業能力上，更進步、更有成就、更有正能量，豈不是更好？

在邁向成功、幸福的道路上，我們不要「樂極生悲」啊！

小蝦米致勝語錄

- ◆薪水，是為今天而活；成長，是為明天而活。
- ◆寧走十步遠，不走一步險。
- ◆勇氣若欠缺智慧，將流於躁進、衝動與盲動。

走過今生，千萬認真

人生都會遇到挫折與受傷，

但我們一定要選擇「知難而進」，

而不是「知難而退」啊！

有一回，我受邀到東北長春市立圖書館演講，從北京搭機到長春。四月中，清晨的長春氣溫很低、很冷，大概只有攝氏二、三度。

週六早上的長春圖書館，才九點半，聽眾已經把座位坐滿。這是我第一次到長春，主辦人員跟我說：「戴老師，星期六這麼早，天氣也很冷，很少有這麼多人來聽演講，已經有四、五百人了……」

在演講時，我看到一位老太太，坐在第一排的中間，很認真地聽講。她戴著老花眼鏡，也不停地用左手來寫筆記。

她的態度，是如此用心、專注。我看到她用左手寫字，忍不住問她：「婆婆，您是左撇子啊？」

這老婆婆抬頭看了我一眼，說：「不是，我是右撇子。」

「可是，您怎麼用左手來寫字呢？」我問。

這時，老婆婆笑嘻嘻地伸出她藏在大衣裡的右手給我看，也對我說：「因為我的右手受傷，打上石膏、固定了，不能用右手寫字，所以只好強迫自己用左手來寫字！」

在那一剎那，我好感動！右手受傷，不能動，她大可不必如此費心力地寫聽講筆記呀！可是，她卻選擇了這樣辛苦的方式。

「婆婆，您用左手練習寫字多久了？」我又問。

「大概十天了……但寫得很醜啦！」老婆婆笑笑地對我說。

哇，太厲害了！老婆婆不畏艱難，強迫自己用左手寫字，把聽演講的心得寫下來；這正如一句俗話所說：「**自古成功靠勉強**」啊！

■ 痛苦是偉大的老師，使人成長

演講結束時，老婆婆又主動問我：「戴老師，剛剛您講了一句話，我沒有聽清楚。您說——『挫折使人什麼？……流淚讓人怎樣？……』」

我說：「**挫折使人謙卑，流淚讓人看見！**」

意思是說，很多人都不願意主動學習，也選擇輕鬆、偷懶，直到遇到挫折時，才會使自己謙卑下來，懂得再學習、再請教、再突破！而且，當遭遇到不景氣、金融風暴，或是被裁員、失業時，流下眼淚了，才會看見自己過去的無知和高傲……

老婆婆一聽，滿心歡喜地對我說：「戴老師，謝謝您，這兩句話太棒了！」

* * *

後來，我用相機拍下老婆婆用左手寫筆記、右手受傷的身影，也拍下了她用左手所寫、字跡歪歪的筆記，做為紀念。

這照片，重點不在她字跡好看與否，而是她認真、積極的用心態度。

所以，**「問題，不在難度，而在態度啊！」**

我們的人生，都像是個「心電圖」，必須是跳動、有波折起伏的，而不能是靜止不動的。人生都會遇到挫折與受傷，但我們一定要選擇「知難而進」，而不是「知難而退」啊！

所以，「痛苦，是偉大的老師，使人成長！」

當我們選擇「輕鬆、偷懶」時，將來可能就只能選擇「懊悔」。

■悲痛的人，沒有悲觀的權利

提到用左手寫字，音樂歷史上，也有一則令人動容的鋼琴家故事——

二十世紀初期，維也納有一位知名的鋼琴家「維特史坦」，在二次大戰中，被砲彈炸斷了右手，血流如注，也讓他經歷惶恐、痛苦的日子。

怎麼辦？右手是他的生命與寶貝啊！右手被炸斷，沒有右手，怎麼彈鋼琴啊？維特史坦的精神幾乎崩潰了！但，堅強的他，絕不向命運惡神低頭；他誓言，即使剩下左手，也要繼續彈鋼琴，向噩運挑戰。

後來，維特史坦四處懇求、拜求作曲家，為他僅剩的左手譜曲，希望他的左手，仍能彈奏出美妙的曲子。

所以，現今鋼琴樂譜中，有些是專為「左手」而譜寫的樂曲，其中最膾炙人口的，是拉威爾的〈左手鋼琴協奏曲〉。這首協奏曲，左、右手都可以彈，只是，若用左手彈奏，則更能顯現出樂曲的氣勢與華麗的技巧。

「痛苦的人，沒有悲觀的權利。」
「想成功的人，沒有埋怨的權利。」

人生要有兩個「H」——「Humble（**謙虛**）**與** Hungry（**渴望**）」，積極投入，才能成功。

畢竟，人的生命，總會有「絕處逢生」的契機！

維特史坦右手被炸斷，但若不是他鍥而不捨地四處拜求樂曲、突破困境，則世界上就不會有〈左手鋼琴協奏曲〉了！

「做了，不一定會成功；但不做，絕對不會成功！」

在遭遇不幸時，懂得「克服低潮、對抗負面情緒」、懂得「自我溝通、自我激勵」，就一定會走出一條光明的坦途來！

自我溝通，邁向成功

已故的國寶級劇場大師李國修先生，曾經告訴學生：「任何工作，都可以是一場好戲。」

他又說：「走過今生，千萬認真。」

我們每個人在自己的工作崗位，都可以因著「千萬認真」，而演出一場好戲，就像維特史坦，因右手被炸斷，卻不斷拜求作曲家，而出現了〈左手鋼琴協奏曲〉。

一名在台大念政治研究所的歐姓女同學，經過苦讀，考上了高考榜首、普考榜眼，令她喜極而泣。

她說，為了考試，她改用「智障型手機」；壓力大、很想哭時，也規定自己只能哭十分鐘，以免浪費自己讀書的時間。

這女同學，真是有高EQ智慧啊！

現在多少人浪費時間在Line、微信、上網、聊天……可是，在非常時期，換一支「智障型手機」，可以節省不少時間啊！

其實，「人生沒有垃圾時間。」

只要有一份渴望與學習的心，即使白髮蒼蒼、右手受傷，都還是可以積極學習、用左手來寫筆記。

人生，「只要轉個念，就是在天堂」，不是嗎？

所以，在挫折時，不要放棄、不要一直哭泣，也沒有垃圾時間。要把握時光，認真學習，微笑過每一天，人生就像是在天堂啊！

小蝦米致勝語錄

◆任何工作，都可以是一場好戲。

◆坐而懼，不如起而行。

◆只要轉個念，就是在天堂。

世界上最遙遠的距離是「從頭到腳」

只做自己「可以做的事」，並不會讓人進步；
做「必須做的事」，才能將自己推向更高一層樓。

一名中年房仲業主管，在聽完我的演講後，與我約定，來我辦公室拜訪相談。

他對我講述過去的故事：「戴老師，我過去只有高職的學歷，在桃園的大樓當警衛十多年，薪水很低，要養活一家四口，很吃力、很辛苦。」可是，怎麼辦呢？是否要一直當大樓警衛呢？

後來，這位賴先生痛下決心，一定要改變自己的生命。

他說：「**痛到極限，就要改變！**」

是的，人的生命遇到了瓶頸，不改變、不突破，就只有等著被淘汰！所以，我附和他說：「對啊，**改變，就是要敢變！**」

當賴先生決定改變、轉行、加入房仲業之後，就努力學習「投資自己的腦袋」，因為，腦袋中的智慧與專業知識，是別人無法取走的資產。所以，賴先生四處上課、學習，也結交許多成功的朋友，惕勵自己積極地往前邁進；而且，他也以實際行動，家家戶戶地努力拜訪附近住戶，而贏得住戶們的肯定與信賴。

賴先生說，每天早上六點，他的鬧鐘就會響……怎麼響呢？不是音樂聲，而是有人會對他講話——「億萬富翁請起床！億萬富翁請起床……」

哈哈，賴先生的手機鬧鈴聲，是他太太幫他錄製的，因為，想要成為一名億萬富翁，哪能再偷懶、睡覺？必須趕快起床、準備工作、迎接嶄新的一天了！

在我的辦公室裡，賴先生侃侃地對我說，也讓我聽了，哈哈一笑。

賴先生又對我說，一個人的觀念很重要，因為觀念與信念，會影響人的一生。所以，賴先生用閩南語對我說：

「觀念若不改，一世人騎『噢多麥』（摩托車的日語發音）。」

我一聽，太棒了，好有意思的一句話！

人的觀念若不能改變，只會一直埋怨、抱怨、躲在暗角哭泣，或憤怒、生氣，又有什麼用呢？可能一輩子只能騎一台小破摩托車而已。

「每個人，都不能平庸一輩子啊！」

於是，我每碰到一個朋友，就把賴先生的故事和這句閩南語，講述一次。

因為，一句俚語，要講得溜、講得順，就要不斷地經常練習。不練習，就會講得結結巴巴。

■ 成功不是靠學歷，而是靠毅力

後來，我又與一位朋友講述這故事和此俚語，可是，這朋友回答我說：「戴老師，你知道嗎？你這句話只有上半句而已，還有一句下半句呢……」

我說，我不知道。

下半句是什麼？我朋友說，下半句是——

「觀念若會改，『Benz』（賓士）買來駛！（台語）」

哇，太棒了！不知道誰發明了這兩句有趣的台語俚語，把「觀念」的重要性，說得如此傳神、有味道！真的——

「觀念若不改，一世人騎『噢多麥』（摩托車）；
觀念若會改，Benz（賓士車）買來駛！」

您知道嗎？賴宗利先生在房仲業界得獎無數，也獲得《商業周刊》「超級業務員大獎」房地產業金獎，目前也是知名永慶房屋的副總經理。

而因著賴宗利先生懂得自我溝通、勇敢行動、積極改變，讓他逐漸嶄露頭角、成功致富；而且，現在他也是一名四處受邀演講的知名講師。

賴宗利先生的成功，是憑著堅定的信心、勇氣與堅持。

所以，成功不是靠學歷，而是靠努力與毅力啊！

自我溝通，邁向成功

有人說，世界上最遙遠的距離是——

一、我站在你面前，你卻不知道我愛你。

二、我坐在你旁邊，你卻一直在滑手機。

三、從頭到腳。

為什麼是「從頭到腳」呢？因為，我們常常腦袋「知道」，手腳卻「做不到」！

例如，明明知道該起床了，卻起不了床；明明知道該努力，卻表現得很懶散；明明知道不該放棄，卻沒有堅持到底；明明知道該減肥了，卻控制不了食慾、不常去運動（像我，哈！）……

所以，人人都有才華，卻不是人人都有勇氣、讓自己使命必達。

愛滋病雞尾酒療法發明人何大一博士說：「我們都要做必須（should）做的事，而非只做可以（could）做的事。」

因為，只做自己可以做的事，並不會讓人進步；做必須做的事，才能將自己推向更高一層樓。所以，願景（vision）與行動（action）缺一不可。

「經濟不景氣，淘汰不爭氣。」

老天不會白白幫助我們，除非我們的努力讓老天感動，老天才會幫我們一把！

而且，改變未必能成真！因為，若沒堅持，一覺醒來，「我，還是原來的我；你，還是原來的你。」

小蝦米致勝語錄

- 每個人都不能平庸一輩子。
- 不要只做可以（could）做的事，而要做必須（should）做的事。
- 改變未必能成真，除非我們堅持到底。

生命雖有挫折，臉上依然要掛著微笑

機會不是留給準備好的人，
而是留給準備好、而且最想要的人。
念念不忘、付諸行動，必有回報！

平常，出版社總會轉寄讀者給我的購書回函卡，或寫給我的信。許多讀者給我肯定、鼓勵、建議，甚至批評，我都很認真閱讀，也會簡單地回信，並致上感謝。

有一天，我收到一封年輕女生寄來的讀者回函，上面用工整的字跡寫著：

「戴老師：我是一個住在偏僻地區的鄉村小孩，我是原住民，父母是一般的工人，家境並不是很富裕，但是，我有一個很愛看書的媽媽，只要有機會下山採買東西，她一定會去書店看看，買一些書回來。

認識老師您的書，也是媽媽的介紹及推薦。媽媽對我說，戴老師的書很好看，也很有勵志人心的作用，所以我們家的書櫃中，有很多老師您的書。

可是，我媽媽在前年十二月一日，因肺癌走了！

我希望老師您可以送我一張您的簽名，我想送給我媽媽。因為，我想拿老師您的親筆簽名，到媽媽的墳墓前面，驕傲地說：『媽，我有您最愛的戴老師的簽名了！』」

看到這封信，我的雙手像被觸電了一樣，不自覺地發抖、發麻，內心也怦怦跳。我看過無數的讀者來信，但從來沒有讓我如此震撼、悸動、心跳、全身觸麻的感覺。

天哪，這女生竟要我親筆簽名寄給她，因她要拿我的簽名，到媽媽的墳墓前，跟媽媽說，她已經拿到「戴晨志老師的親筆簽名了」。

在這封讀者回函上，有一資料欄上問道：「您是從何處得知本書的訊息？」這名女讀者在「親友介紹」空格上打個勾，並且在旁邊用娟秀的筆跡補充寫著：「媽媽，張××。」

我望著這字跡，閉上了雙眼，想哭，也深深地吸了一口氣。

這媽媽太偉大了。即使，她只是個鄉下地方、卑微的工人，但總是不忘記多買些書自己閱讀，也鼓勵自己的孩子，要多閱讀、多看書、多努力上進，絕不要讓自己的孩子將來腦中空空、一事無成。

如今，媽媽辛勞過度、積勞成疾，因肺癌而離開人世了；但深受媽媽影響的女兒，已經在當護士，願意主動寫信給我，告訴我——她和媽媽，以及我的書，三者之間的故事……

我握著這女生寫給我的信，心中的悸動，久久不息。

心情平復後，我看著這女生信上所留的手機號碼，也打個電話給她，謝謝她與我分享「偉大媽媽的故事與心情」。

■ 不要小看自己，要有使命感

後來，有一天，我和朋友分享這女性讀者來信的故事。朋友聽完後，很正經地跟我說：「晨志啊，你這輩子，是有使命的！老天透過你的筆、你的嘴，來幫助所有的華人，不管是在台灣、馬來西亞或是大陸……」

當時，我心愣了一下！

「你是有使命的！」這句話，也一直縈繞在我的腦海裡。

我很笨，年輕時考不上大學，只念國立藝專廣電科。後來雖當了電視記者、大學系主任，但我不懂電腦、不懂科技、不懂理財、不懂股票、不懂創業……然而，我知道，我可以寫文章、寫書、演講；老天透過我的「筆和嘴」，來和各地更多的人分享！這，是上帝給我的使命啊！

可是，我在想，不是「只有我有使命」，
我想說：「親愛的讀者們，
我們每一個人，都是有使命的！」

就像寫信給我的女生的媽媽一樣，她當媽媽的使命，就是——辛勤工作、努力賺錢養家、照顧孩子，也給孩子最好的觀念與教養，讓孩子多閱讀、上進，做個有用的人……直到她燃燒完自己的殘餘燭光，也照亮她摯愛孩子的心。

真的，我們都不能小看自己，因為——「我們都是有使命的！」

一個人，有「使命感」，才會有「成就感」，也才會有「幸福感」。

也因此，**「生命雖有挫折，臉上依然要掛著微笑！」**

在演講中，我常要求聽眾們，跟我一起大聲唸：「我是有使命的！」

現在，請您也和我一起唸三次，好嗎？——「我是有使命的！」「我是有使命的！」「我是有使命的！」

自我溝通，邁向成功

二十年來，我的工作就是寫書，也在各地華人地區演講。其實，雖然我

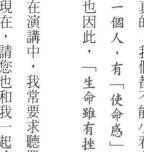

一直希望能激勵別人，但是，我自己也會有低潮、難過、沮喪、挫敗的時候。

例如，隨著網路的興起，年輕世代購書閱讀的習慣變少了，以致於書店逐漸關門了，作者書籍的銷售量也大量下滑，作者可以拿到的版稅收入，也變少許多。

而我，也因長期的演講，喉嚨聲帶使用過度，再加上胃酸逆流、侵蝕聲帶，造成聲帶萎縮，甚至也曾因聲音使用頻率太高，而聲帶潰瘍，完全發不出聲音。

為此，我的聲帶做過自體脂肪注射手術，雖曾好轉，但又因一再地使用，所以聲音也變沙啞，不像過去年輕時一樣有磁性、好聽……

可是，每當我心情沮喪時，我常想起讀者們給我的回應，例如，本篇故事的女生寫給我的信，提醒我——我不能灰心喪志、不能陷入心情低潮，要振作精神、要微笑奮起，因為，「我是有使命的！」

很多人的生活，比我還難過，但他們都比我更堅強、更有決心與毅力！

我絕不能「只會說，不會做」啊！

有一句話說：「Seeing is believing.」（眼見為憑）。可是，對於自我的生命，我們要懷著確信：「Believing is seeing.」（相信，就會看見）。

我們對自己的生命用心付出，也充滿「盼」與「望」。我們因著「相信自己」，並身體力行，將來必定會看見自己成就的果實。

因為，**機會不是留給準備好的人，而是留給「準備好、而且最想要的人」**。

所以，**「念念不忘、付諸行動，必有回報。」**

我們都是有使命的！我們要相信自己，而且付諸劍及履及的行動，「Believing is seeing.」，那麼，必定會看見自己未來的成就啊！

小蝦米致勝語錄

◆一個人有「使命感」，才會有「成就感」和「幸福感」。

◆機會是留給「準備好、而且最想要的人」。

◆「念念不忘、付諸行動、必有回報。」

與其埋怨，不如靠自己找希望

想成功，要先發瘋。

發瘋，不是真的變瘋子，

而是「找對方向」，鍥而不捨地做「對的事」。

在馬來西亞西海岸關丹市的一場演講中，我詢問現場八百多名聽眾：「誰願意把今晚聽演講的心得，寫成兩份報告？一份是戴老師演講的重點內容，另一份是你聽完以後，自己的感想、啟發與心得……如果你寫出來，我一定幫你批改，甚至用電話與你溝通、討論……」

當我說出這些話時，看到台下許多聽眾的眼睛都睜得大大的，似乎很有興趣，且躍躍欲試。

可是，我又說：「這份報告，什麼時候交呢？——明天早上八點以前，請你將報告送到我下榻的酒店。因為，我明天早上八點就會離開關丹。」

哇，這真是一個辛苦、不容易、不討好的任務與挑戰啊！

因為，我說這些話時，已經是演講快結束、晚上近十點了。等一下讀者給我簽書、再回到家，應該已經快十一點了，而距離明天早上交報告，只剩下沒多少時間，恐怕晚上不能睡覺了！

可能大部分人都會想——要熬夜寫心得報告，太累了吧，先睡覺再說！

隔天清晨七點五十分，我到旅館櫃台、準備 check out 時，櫃台小姐對我說：

「戴先生，剛才有個小姐拿來這牛皮紙袋，說要請我們轉交給你的！」

我打開一看，是昨天晚上來聽我演講的一名女生，用手、用鉛筆、用真心所寫的兩份報告。在牛皮紙袋上，她還用鉛筆補充寫著：

「戴老師，抱歉，
這是我用手寫的報告，因為我家沒電腦；
雖然沒有電腦，但我卻有大腦……」

看到這裡，我鼻子一酸，有點想哭。

是啊，家裡縱使有三、四台電腦，又有什麼用？有大腦、有用心，才是最重要的啊！

■凡事主動，才不會掉入黑洞

這女孩珮菁說，她搭車回家後，已經十一點。當她靜下心來，決定寫報告。寫完第一份聽演講重點時，她在上面註明時間是「凌晨03:30」；而寫完第二份心得報告時，註明時間是「05:05」。

珮菁在心得報告中寫道：

「凡事主動，才不會掉入黑洞！」

「一生短暫，我要Win得漂亮！」

這兩句話，真的很棒啊！

說真的，看珮菁通宵未眠、用鉛筆寫出來的聽講報告時，我的心，是怦怦跳的！因為，她是用真心、真情、真意來寫報告的。

她為了挑戰自己、達成目標，寧願放棄一晚的睡眠、通宵達旦地將所聽、所見、所聞，用自己的手，在印象深刻之時，細心地寫出來。

在報告中，珮菁又寫道：「還沒呈交心得報告之前，我是個相信命運始終會作弄我的人，我會胡思亂想——或許會因某些原因，老天作弄我而讓我交不出心得報告。不過，也許現在，戴老師正在閱讀我這草草又花花的心得報告。請告訴我，我已扭轉命運了！」

看到這些文字，我真的好感動。

一個人，只要懂得自我溝通——先於「內在轉念」，再化為「外在行動」，就一定能成功，也就能扭轉自我命運。

■ 美夢成真的地方，就是天堂

後來，我想起來了，在昨晚的簽書會時，一位女孩遞給我一封信，她的字跡和這心得報告的字跡很像。我拿出來，再確認一番，的確是珮菁寫的：

「感謝老師的書和名言，給了我無限的力量！

之前，我是個沒有自信的女孩，時時膽怯、不敢改變；但因老師一句『改變，就是要敢變！』我終於踏出了第一步——參加了小說獎比賽。雖然敗北了，但至少我參加了，也知道自己準備的功夫還不夠……

第一次的失敗，帶給我的不是氣餒，而是更要再接再厲！因為，我知道，『美夢成真的地方，就是天堂。』不管到最後是不是天堂，但，過程最重要！我現在把自己當成毛毛蟲，努力啃食葉子，渴望有一天，自己能披上喜歡的蝶衣，破蛹而出……」

後來，我回到台北時，打個越洋電話給珮菁，與她討論心得報告內容，也告訴她我內心的感動與感謝！因為，她的真實故事，告訴我，以及讀者們——

「人，要有衝動去做讓自己進步的事。」

「夢想」，如果沒去實踐，就只剩下「白日夢」和「空想」。

「要破蛹而出，才能成為漂亮飛舞的彩蝶！」

自我溝通，邁向成功

有人開玩笑地說，「想成功，要先發瘋。」

發瘋，不是真的變瘋子，而是找到「對的方向」，鍥而不捨地做「對的事」；即使不睡覺、熬夜、不眠不休，也願意甘之如飴地朝著目標前進！

這就是即知即行、說做就做、絕不拖延的「行動力」與「執行力」。

一個人，越努力，好運越多。

而且，「做」與「不做」，決定我們的今天與明天啊！

只要「找對路，做對事」，不斷地向前邁進，我們就會距離心中的大目標，更接近一大步！

荷蘭名畫家梵谷說：「偉大的事，並非憑衝動做成，而是由一系列的小事所串成的。」

的確，只要我們有「我願意」的謙卑心，也有堅定信念的「行動力與執行力」，把每個小目標盡力完成，就可以累積、串連成我們未來成功的大目標啊！

小蝦米致勝語錄

◆人生不怕跌倒，是比誰爬起來最快。

◆痛苦，會過去；只要不放棄，就有無限機會。

◆別與自己的美好擦肩而過；與其埋怨，不如「靠自己找希望」。

第四章

情緒控管——

學習謙卑，感謝責罵

驕傲之後是毀滅，狂妄之後是墮落

心地善良、柔軟、以客為尊，人生就不會有過不去的矮門！

南韓大韓航空公司會長千金趙顯娥小姐，從美國紐約甘迺迪機場，搭乘飛往仁川的韓航班機頭等艙，在飛機已駛向跑道、尚未起飛時，空服員遞給她一包夏威夷堅果，她不滿空服員未按服務規定，需把堅果放在盤子上，因而大發雷霆、大耍官威。

在盛怒之下，趙顯娥竟要求機長，將已進入跑道的飛機立即掉頭、折返開回登機門，並把座艙長趕下飛機，導致該航班延誤十一分鐘才抵達仁川。

這起「堅果返航」事件被媒體披露後，南韓民眾與媒體都譁然、憤怒，砲轟有錢人目中無人。

每日經濟新聞社論指出：「韓航老闆女兒的醜陋行為，讓整個國家蒙羞，也讓南韓在全球面前顏面盡失……」

東亞日報也表示，趙顯娥的行為，暴露了「有錢人普遍存在的優越感，和高傲的態度，顯然把公司當成自家的王國。」

而大鬧自家班機的四十歲千金趙顯娥，在公開面對媒體時，一改在機上囂張跋扈的模樣，用幾乎聽不見的顫抖聲音，狼狽地低頭說：「造成大家的麻煩，我誠懇地道歉，對不起……我對乘客和南韓同胞感到抱歉，我要向可能被我傷害到的人請求原諒。我將辭去所有韓航公司相關的職務，為此事負責。」而她，也被南韓檢察官限制出境。

■ 教女無方，父親公開道歉

趙顯娥的父親、大韓航空社長趙亮鎬，也在公司總部開電視記者會，公開為女兒的愚蠢行為向國民道歉：「我以父親與韓航社長的身分道歉，我教女無方，沒有好好教育她是我的錯！」他並多次對在場媒體深深鞠躬。

而事後，被趕下飛機的座艙長朴昌鎮也打破沉默，公開表示，趙顯娥在盛怒時，曾逼迫他與另一名空服員當場下跪、道歉，還用「客艙服務手冊檔案夾的角」戳他的手背，讓他覺得深受羞辱、難堪。

南韓首爾高等法院對此事件進行調查與審理後，在一審時，法院判趙顯娥一年有期徒刑。但二審時，檢方質疑趙顯娥沒有真心反省，建議法院量刑有期徒刑二年……

■柔軟謙卑，比「以客為尊」多做一些

看到此新聞，真令人感慨，也讓我想起另一則新聞——

幾年前，美國有一名婦人要搭乘達美航空，去接回參加「糖尿病兒童夏令營」的小女兒，但當天飛機客滿，她登記候補第八順位。

「天哪，還要候補那麼多人，不知道有沒有辦法登機？大概希望渺茫……」後來，這婦人深怕接不到糖尿病的女兒，就把心中的焦慮告訴了櫃台人員。

當登機開始，乘客全都登上飛機後，這名婦人失望了，因為她沒有等到候補名額，無法搭上這班機。

正當婦人要絕望離去時，一名地勤人員走了過來，悄悄地告訴她，請她靜靜地登上飛機。

「為什麼？……不是沒有機位了嗎？」這婦人又驚又喜地問。

當這名婦女忐忑不安地走上飛機後，才得知──

讓出座位給她的，

竟然是達美航空公司的總裁安德森先生。

安德森總裁與這婦人素昧平生，但他從工作人員口中得知，這婦人上不了飛機，為接不到患糖尿病的女兒而焦慮不安時，他決定讓出原本已坐定的商務艙座位給婦人。而他自己，則是走到駕駛艙裡，坐在簡便的折疊椅上。

安德森總裁柔軟、謙卑、以客為尊的舉動，被這婦人感動地寫在臉書上，立即被網友大肆肯定、轉發，也贏得媒體大力讚揚！

自我溝通，邁向成功

《聖經》上說：**「驕傲之後是毀滅，狂妄之後是墮落。」**

一個人若是驕傲自滿、目中無人、殘酷地羞辱別人，就會像是一座藏著利刃、尖刺的陷阱，有一天，自己也會掉入這個親手挖掘的陷阱啊！

所以，驕傲狂妄、自以為是、不聽規勸，必有羞辱跟隨在後啊！

英語俗話說：「Anger is only one letter short of danger.」（「憤怒」與「危險」，只有一個字母之隔。）

的確，「Anger」和「Danger」，只差一個字母啊！「憤怒」之後，很容易就會造成「危險」啊！

一個人，在做好「人際溝通」之前，要先學習做好「自我溝通」，懂得在生氣時，先讓情緒換跑道，懂得EQ智慧、懂得「憤怒心情急煞車」。

我們不能一直被「負面情緒」綁架。

當我們「張牙舞爪、破口大罵」時，別人都在給我們負面評價啊！因為，憤怒的語言與舉動，常具有極大的殺傷力。

相反地，如果我們懂得「將心比心、角色互換」「用真心換真情」，事事為他人著想，用「同理心」的態度善待他人，就如同達美航空安德森總裁一樣，心地善良、柔軟、以客為尊，人生就不會有過不去的矮門！

小蝦米致勝語錄

- 常低頭，才不會撞到頭。常低頭，就沒有過不去的矮門。
- 勿讓「情緒癌細胞擴散」，要懂得讓暴怒的情緒「換跑道」。
- 學習謙卑、感謝責罵，也常用同理心，為他人著想。

 驕傲之後是毀滅，狂妄之後是墮落

誤判與屈辱，都是人生的一部分

我們不能只會生氣，而不知爭氣。
忍住怒氣，化為爆發力，
才能揚眉吐氣。

前美國職棒大聯盟老虎隊的投手賈拉拉加，在與印地安人隊的一場比賽中，表現極為突出，幾乎完全封鎖對手打線，沒有讓對方球員擊出安打，或上到一壘，也就是即將獲得「完全比賽」的榮耀！

不過，在最後一局時，印地安人隊的唐諾擊出一支滾地球，老虎隊二壘手接到球，快傳給一壘手，此時，一壘裁判雙手比出「Safe」、安全上壘的手勢。

「什麼？明明是封殺，怎麼會是安全上壘？」投手賈拉拉加滿臉不可置信，全場球迷也都發出了噓聲。

在爭議中，電視台重播了慢動作畫面。在大螢幕牆上，很明顯的，錄影重播的兩個不同角度，都清楚看出「球比人先到」，印地安人的打者，應該被判封殺出局才是。

然而，在主審與一壘審商討之後，並沒有改判，還是維持安全上壘的判決。

也因如此，老虎隊的投手賈拉拉加失去了「完全比賽」的最大榮耀。

您知道嗎？這次的「誤判」事件，居然驚動了白宮，發言人吉伯森公開表示：「希望大聯盟能更正錯誤，把『完全比賽』的榮耀，還給該得的優秀投手。」可是，大聯盟主席塞利格說：「就球賽而言，誤判，也是比賽的一部分……我們不考慮改判，或撤銷這次判決。」

這句話，給我很大的啟示。人生在成長與學習過程中，哪可能沒被人誤解過？在工作職場上，哪有一切都是公平、公正的？哪有人不曾覺得被欺負、受屈辱？

「誤判，是比賽的一部分。」

「被欺負、被誤解、受屈辱，不也是人生的一部分？」

而在這次老虎隊明顯被誤判的比賽中，投手賈拉拉加應得的「完全比賽」榮耀不見了、被裁判誤判掉了。不過，他並沒有大聲抗議、咆哮，反而是滿臉笑容、很有風度地接受判決、繼續投球，直到比賽結束，也贏得最後的勝利。

忍住怒氣、爆發潛力、揚眉吐氣

兩天後，老虎隊又與印地安人隊交手，您知道嗎？當時被誤判、未能拿到「完全比賽」榮耀的投手賈拉拉加一上場，赫然驚喜地發現——美國通用汽車公司的老闆，為了讚揚他在球場上的絕佳風度，特別贈送一輛全新的雪佛蘭敞篷跑車（價值約一百七十三萬元台幣）給他。因為，他做了運動員「服從判決」的最佳示範，也讓大家看到一場精采無比的好球。

在生活中、工作中，我們難免會被誤解，但，我們要大聲怒吼、咆哮、抗議嗎？一定要嗆聲、爭回公道才甘願嗎？

「忍住怒氣，坦然接受，我將再起」，也可以是另外一種思維與作法。

面紅耳赤地去爭取公道，或許也是一種方式，但，局勢有時已難挽回，兩敗俱傷，又何必呢？

「有實力，最神氣！」就像老虎隊的投手，用最佳的風度、滿臉微笑，贏得球賽、贏得敬重，也贏得全新雪佛蘭敞篷車的最高肯定。因為，「塞翁失馬，焉知非福啊！」

我們不能只會生氣，而不知爭氣。
忍住怒氣，化為爆發力，才能揚眉吐氣。
因為，「被誤判與受屈辱，都是你我生命的一部分！」

只要忍辱負重，老天一定會看到我們的努力，也一定會為我們開啟另一扇光明的美麗之窗。

我們千萬不能「為了小事而抓狂」，也不能為了一些小事，而把幸福推拒在門外啊！

鋼琴大師魯賓斯坦（Arthur Rubinstein, 1887-1982），是二十世紀成就最高的音樂家之一。一九六四年，他受邀在莫斯科柴可夫斯基大廳，舉辦一場蕭邦獨奏會。

當魯賓斯坦彈奏〈第二號鋼琴奏鳴曲〉的第二樂章時，在台上原先意氣風發的他，竟然忘譜了。他繞了一段，還是無法彈接回來。後來，他很鎮定地即興編曲，再直接跳下一段，接續彈奏演出。

跳過忘譜的那一大段之後，魯賓斯坦愈彈愈好、也愈彈愈振奮，完全不被先前忘譜的片段所困。最後，〈英雄波蘭舞曲〉彈畢之後，現場聽眾的掌聲，幾乎要掀翻屋頂，叫好聲此起彼落、久久不息。

彈錯音、大忘譜，都是現場演奏的一部分。

小學六年級，我第一次被老師叫上台，在升旗典禮面對全校師生演講時，我也因太緊張而忘了詞，尷尬地站在司令台上許久……

那，真是尷尬、丟臉，但也是美好的經驗。

我不能因為尷尬、丟臉，而不再上台；相反地，有了第一次，我努力再準備第二次、第三次……練習多了，就更有自信，也更從容、鎮定。即使忘詞，但我學習到「不是記哪些字，而是記哪些事」。再多講一些其他事、繞個小彎，就可以像魯賓斯坦一樣，把主題拉轉回來、繼續前進。

「讓自己盡力做到最好，他人的嘲諷、誤解、譏笑，都只是路過時的背景音樂。」

我們不要讓落寞的情緒，在內心引發負能量。我們要讓自己轉個念頭，隱忍怒氣、別輕易抓狂，也等待機會、徐圖表現、東山再起——這，就是「我將再起」的雄心與正能量啊！

小蝦米致勝語錄

- 不要為不能改變的事，一直憂心、煩躁。
- 自己的幸福，自己找；所有挫折，都是美麗的經驗。
- 謹小慎微、忍住屈辱、大膽尋路，老天必會開路。

自我療癒，散發瀟灑動力

人生，常是一次又一次的歧視、嘲諷、嫌棄……

但也是一次又一次的不認輸、奮起、再躍進！

當我從師專畢業時，被派到一所小學教書。在那裡，我認識一位女老師，長得很漂亮，我想和她約會，可是她總是不太理會。有一天，她竟脫口說：「我才不嫁給小學老師呢！」

天哪，她居然說出這種話。但，我能說什麼？我只是念師專的小學老師而已。

在學校，我是學美術的，想教美術，可是校長卻叫我去教自然。而且，一年後，還改調我去教「一年級」。老天啊，我一個大男生，怎麼能管好哭哭啼啼的一年級小孩的事？

當時，我真的很生氣，但我忍著恥辱，也記住那女老師給我的那句話——「我才不嫁給小學老師呢！」於是，我發憤圖強，一年後，考上南部一所大學夜間部英語系。

我相信，我的條件一定會更好、一定會成為一個更有能力的人。

白天一邊在小學教書，晚上一邊念英語系夜間部，真的很苦、很累，可是，每當我想放棄時，總是想起那校長的嘴臉，和那女老師鄙視、不屑的態度。最後，我終於熬過那段痛苦的歲月，大學畢業了！

後來，我想出國再進修。在一番考慮與掙扎後，我毅然決然地辭掉小學老師的教職，為自己的未來放手一搏。

我靠著自己當老師賺的一些積蓄，日以繼夜苦讀——

「我想出國留學，我要為自己翻身；

我要成為有高條件的人、讓人刮目相看！」

那段日子，我沒有朋友、沒有娛樂、沒有應酬……全副精神，都放在我的未來目標——「托福考試」與「公費留考」。

收到托福成績單時，我欣喜若狂，我高分通過了！我歡喜的眼淚，掉了下來。

再過一陣子，我也接到公家寄來的「公費留考」的放榜名單。此時，我手舞足蹈、高興地大吼大叫：「我考上了，我考上了……我要到英國留學了！」

那一夜，是我一輩子最難忘懷、也最狂喜的一刻。我擦去了眼角淚水，也擦去了心中的委屈、恥辱——「我，一定要讓你們對我另眼相看！」

■感謝上蒼，讓我公費留學、周遊歐洲

英國，是個歷史悠久的歐洲國家。在那裡，我沒有經濟壓力，因為，我拿著政府公費留學的經費念書。我也利用假期，周遊了附近德國、法國、西班牙、奧地利、匈牙利、捷克、比利時、荷蘭……等東歐、西歐、南歐的國家。

我好感謝上蒼，讓我在最困頓、受屈辱時，咬緊牙關，不放棄自己地化悲憤為力量。如今，終於品嚐到歡喜、愉悅生命的果實。

在英國讀書四年後，我拿了教育學博士返回台灣，獲聘在國立大學擔任副教授。當然，在大學教書，比在小學教書待遇相差很多，身分地位也自然不同。

在某一次暑假，我受邀擔任教師研習會的講師。來自全縣各校的老師，近百人來參加研習。當我一踏進教室，環視一下台下的老師們，猛然看到那位「過去我追求的小學女老師」。

而她，也看到我。我們眼神交會了幾秒。後來，她垂下眼簾。

我走過去，問候她：「好久不見，妳都好嗎？」

「很好！」這女老師微紅著臉，輕輕地說：「我還在原來的小學教書。」

「結婚了嗎？」我問。

她點點頭。

「先生是？」我好想知道。

「先生……也是我們學校的男老師。」她小聲地說。

那一堂課，我永遠記得！即使這女老師的臉，一直微低著，而我的心，也一直怦怦跳著。可是，我站在台上，充滿著快樂、感謝與自信。

要不是以前小學校長給我的刁難、女老師給我的鄙視、嫌棄與恥辱，我不可能激發出自己的潛力，也不可能拿公費留學赴英國讀書、拿博士學位。

我很可能會選擇平庸、平淡地待在同一間小學教書，直到退休，也不可能與現在「也在大學任教的太太結婚」。

■信心十足、自我肯定、昂首闊步

以上，是我朋友「從小學老師，躍升為大學教授」的真實故事。

我們要感謝那些歧視、侮辱、嫌棄、看不起我們的人，因為，他們正逼迫我們，勇敢走出一條精采、不凡的人生道路——只要你有「正面思考」「陽光態度」，以及「不被擊倒的信心與勇氣」。

一個人，要懂得「自我溝通」「自我療癒」，也要「化悲憤為力量、化屈辱為堅強」，或是在情傷時，懂得用智慧，理性撤退。

只要信心十足、自我肯定、昂首闊步，我們就一定會愈挫愈勇，散發出瀟灑動力，也不怕「愛情受傷」啊！

自我溝通，邁向成功

英國《每日鏡報》報導，男子華比在二十二歲時，重達一四〇公斤，當過洗車小弟、保全，但因噸位愈來愈胖，而丟了飯碗。

他也曾在酒吧被請了出去，因有酒客對他說：「看到你就覺得很噁心。」

從此，他開始足不出戶，每天上網買酒狂飲，以致他在二十九歲時，胖到二二〇公斤，造成他曾一度想輕生、自殺。

不過，他在家人勸說下，決定開始健身甩肉。他每天運動、上健身房，也戒掉喝啤酒、好吃的壞習慣。如今，三十一歲的他，在兩年內減掉一一五公斤，成為九十五公斤的「肌肉先生」猛男，也取得健身教練的資格。

從被別人嘲罵「噁心」，到發憤圖強，成為「肌肉猛男」的健身教練，也交了美麗的女朋友。這個成功，靠誰？只能靠自己的「毅力與堅持」。

人生，常是一次又一次的歧視、嘲諷、嫌棄……但也是一次又一次的不認輸、奮起、再躍進！

「想成功，要先認輸，才會贏！」

就如同本文的年輕男老師，在感情受傷之後，他先認輸了，但卻不斷地進修、再衝刺，甚至考上公費留學考試，而改變了自己的命運。所以，想成功的人——

第一是：願意為目標而花時間努力的人。

第二是：願意為目標有毅力、堅持到底的人。

只有面對自我挑戰、突破瓶頸，才能創造獨特價值，獲得真正的成功。

小蝦米致勝語錄

◆怕輸，就不會贏。先認輸、努力突破瓶頸，才會贏。

◆被侮辱、被歧視的痛苦是殺不死的，也不會自己離開，除非你完完全全地接受它，並超越它。

◆傷痛大一點，成長就會更多一點。

挫折，是年輕人最好的禮物

人可以哭泣，但目標不能放棄，
要擦乾眼淚、繼續努力！
因為——「勝利總在堅持後」啊！

二十多年前，有一個年輕人，剛從軍中退伍，因只有高中的學歷，只好到一家印刷廠去當送貨員。一天，老闆叫他把四、五十捆的書籍，送到某大學的教學大樓七樓辦公室，這年輕人聽話地照辦。

可是，當這年輕人氣喘吁吁地先把四、五捆書搬到電梯門口時，一位五十多歲的警衛走過來，大聲斥喝他說：「這電梯是給老師、教授搭的，其他人都不能搭，你要走樓梯！」

「什麼？要我走樓梯？我不是學生耶，又不是來上課的，我是要把你們學校訂的書，送到七樓辦公室……」這年輕人耐住性子向警衛說明。

「不行就是不行！這是學校規定！你不是老師、教授，就是不准搭電梯！」警衛一臉無情地回答。

就這樣，兩人在電梯口吵了半天，依然僵持不下，警衛還是不肯放行。

後來，這年輕人無法忍受警衛的無理刁難，索性就把心一橫，把全部四、五十捆的書，都搬到大廳的角落，然後不顧一切地走人！

「算了，電梯我不坐了，書我也不搬、不幹了，行吧！」這年輕人心想，這麼刁難人家幹什麼？這一整車的書，要全部搬完，至少要來回走七層樓梯二、三十趟，會累死人的！

後來，這年輕人回到印刷廠，向老闆解釋，也向老闆辭職了！同時，他轉個心念，決定發憤圖強，再也不做被人瞧不起的工作——「什麼嘛，搬書、送貨，連電梯都不能坐！」

當天下午，這年輕人立刻到書局，買了整套考大學的教材和參考書，他發誓——我一定要考上大學，我絕對不要再讓人瞧不起！

您知道嗎？這年輕人真的就此堅定方向，天天苦讀十四個小時，因為他知道自己沒有畏縮、退怯的權利。

每當他讀書累了，想偷懶、懈怠時，腦中就想起「在大學電梯口被警衛刁難、不准他搭電梯」的那一幕。

這一幕，是他被羞辱、被歧視、被瞧不起的一刻，也是他生命轉折的一刻，他一定要銘記在心……所以，他打起精神，絕不懈怠，決定要堅強地苦拚下去。

■我轉念、換方向、迂迴前進

經過半年的努力煎熬、苦讀，這年輕人考完大學了，而且，他考上了某國立大學醫學院醫學系。

如今，二十多年過去了，他也變成一家開業診所的中年醫生。他在報上寫了年輕時的故事，讓我十分感動。

要不是當時有個警衛，無理地刁難、歧視他，他怎麼會從屈辱中，奮發圖起？

然而，他也是個有ＥＱ情緒智慧的人，懂得「自我溝通」「自我管理」，不會與人大吵大鬧、面紅耳赤，也不會出拳毆打對方、引爆衝突！

他，只是靜靜地轉念，改變自己的念頭與想法——

好吧，我放下，我轉念，換個方向、迂迴前進！

我一定可以更好，我一定要壯大自己，不再被人瞧不起！

自我溝通，邁向成功

是的，人可以哭泣，但目標不能放棄，要擦乾眼淚、繼續努力！

因為——**「勝利總在堅持後」啊！**

能從恥辱中，抹乾眼淚，勇敢站起來的人，才是勇者！

我們不會永遠處於順境，一定有逆境與不完美，所以，我們都要學習

「與不完美和平共存」，並力求奮鬥與突破。

人生，就是一場自己與自己的較量與奮鬥：

讓積極，戰勝消極；

讓快樂，戰勝憂鬱；

讓勤奮，戰勝懶惰；

讓堅強，戰勝脆弱。

回想年輕時候，我前後考了八次托福，才通過最低標準，赴美國留學念研究所，回台後，以第一名成績考進電視台，當了電視記者。

而在電視台工作期間，因為與同事之間發生一些小誤會、被長官誤解，以致被調職去當編譯。我每天委屈地翻譯外電新聞，卻也意外地使我有機會與企圖心，再申請美國奧瑞崗大學博士班，苦讀三年，終獲博士學位。

每個人，都有失意、不順遂、挫敗連連的時候！

但是，逆境與憂患，都是通往成功的階梯。

所以，**「失敗，只是讓人生懂得轉個彎。」**

「沒有過不了的事情，只有過不了的心情，天下沒有跨不過去的難關。」

「挫折，是年輕人最好的禮物！」

不過，先決條件是，人要懂得「自我溝通」，將內在的憤怒、恥辱，轉化成決心向上的動力啊！

小蝦米致勝語錄

◆飽暖則安逸，憂患則志高。

◆著魔般的專注與拚勁，會讓人成功。

◆當沒有人激勵你時，就請你激勵自己吧！
因為——「你就是改變的起點！」

用精神勝利法，讓自己更亮麗…

分手快樂、祝你快樂，

你可以找到更好的……

男女談戀愛，總是歡愉的。但，如膠似漆的日子逐漸褪去，男朋友又有了新歡小三，佩萱每天以淚洗面，痛恨男友劈腿不忠。

後來，佩萱一直在和男友談判、吵鬧，也大吼道：「哼，你想把我一腳踢開，我告訴你，沒那麼容易。」

「佩萱，我們個性真的不合，不適合在一起……」

「混蛋，你騙了我的感情，再來說我們個性不合。好，你敢甩掉我，我也不會讓你好過！」佩萱氣得掛掉電話，也把桌上的廣告顏料，一瓶瓶地喝了下去。

佩萱是學美工設計的，桌上常擺著許多廣告顏料，為了報復男友，她真的氣昏了，喝下七、八瓶的廣告顏料。

可是，佩萱的肚子漸痛、開始哇哇大叫，倒躺在地上翻滾。隔壁室友聽了，趕緊衝過來，並馬上叫了計程車，把佩萱送到醫院急診室。

在急診室，護士幫忙為佩萱灌腸、洗腸，把廣告顏料排出，佩萱痛得不斷哀號、哭叫。

此時，護士對佩萱說：「妳這麼年輕、漂亮，幹嘛想不開？感情難免有挫折，幹嘛這麼笨，要喝廣告顏料？」

「我……我也不想死啊！我只是氣那個狼心狗肺的男人，欺騙我的感情，想嚇嚇他，沒想到這麼痛……」佩萱躺在床上說。

「唉，妳又何必自討苦吃？妳以前不認識這男朋友的時候，日子還不是過得好好的！堅強一點，天下何處無芳草……」護士說。

■沒有你的日子，我會更快樂

後來，佩萱出院了，男友也送花來看她，說：「佩萱，對不起，我們……可不可以重新和好？我們……結婚吧！」

「不，不，我不要！」佩萱聽了，急著大叫：「我已經死過一次，不想再死第二次了……我們還是分手算了，你趕快去找你的新女朋友……喝廣告顏料太痛苦了……你去找溫柔漂亮的女朋友吧……我現在想通了，沒有你，我的日子會更快樂！」

男女感情受挫、或爭吵後，氣瘋了，一時失去理性，就會做出瘋狂、自毀、自虐的舉動。

但，人必須學習控制情緒、自我溝通——「反焦躁、反憤怒、反自虐」，以避免內心暴怒、失控，而傷害自己。

另一名念大學的女生莉珍，也和男友因感情問題而大吵一架，男友提出分手！她痛苦地跑回家，大哭一場，邊哭邊睡著了。

隔天醒來，莉珍看到鏡子中的自己——「天哪，我怎麼變這麼醜？一頭散髮、蓬頭垢面、眼睛紅腫。」

■為自己打扮，贏得自信與人緣

於是，莉珍決定——今天要好好化妝，用粉餅、腮紅、口紅，把自己化得漂亮亮的，看起來很亮麗、很有精神！不僅如此，她不再穿T恤、牛仔褲，而是換上一套洋裝，變成個美女。

「莉珍，妳今天怎麼穿這麼漂亮？是晚上要參加舞會嗎？」同學在路上睜大眼睛問道。莉珍聽了，開心地笑笑。

下課時，死黨也問莉珍：「怎麼，妳今天穿這麼漂亮，是不是你們又和好了？」

「才沒有呢……我自己打扮得漂亮，我自己高興，也讓很多人來羨慕我、稱讚我、看著我！」莉珍得意地說。

「哇，妳真是想得開啊！」

「對啊！我幹嘛對自己過不去？要分手就分手，沒什麼了不起！」莉珍自信地說：「人家說啊，二十歲以前長得醜，是爸媽的錯；二十歲以後長得醜，就是自己的錯……我一定要把自己打扮得更漂亮、更開朗、更有精神，讓自己更有人緣！」

人在心情低潮時，要懂得用「精神勝利法」來安慰自己，也轉移自己低潮的情緒。

同時，也要用「心情轉向原則」，讓心情轉個方向。

■做個「快樂EQ高手」

我們都在學習「自我溝通、自我心情轉向」，而成為一名「EQ高手」與「快樂高手」，絕不能讓自己一直陷在沮喪、痛苦、自虐、抓狂的泥淖之中。

我們可以在心情低潮時，透過化妝、打扮、穿著，讓自己顯得神采奕奕、美麗大方，來恢復自信心。

因為，懷恨、動怒地傷害自己，或威脅「我死給你看」的人，其「挫折容忍力」極低，而「自殘、自虐」的行為，也都是於事無補，最大的受害者，還是自己啊！

所以，在心情受挫、痛苦時，用「精神勝利法」，讓自己活得更光鮮、更亮麗、更耀眼、更有自信，就是最棒的「快樂EQ高手」！

自我溝通，邁向成功

三軍總醫院精神科曾做過統計，情人節前幾天，收治的憂鬱症復發病人特別多，平均年齡約三十歲，男女人數相當。

醫生問診時發現，他們都受過情傷，也因情人節而想起失戀的創痛。過去古話說：「每逢佳節倍思親」，如今，卻變成「每逢佳節易發病」。

精神科醫生指出，男生在情傷時比較激動，具有攻擊性，對「狠心的女友」或「前女友」，懷有復仇、攻擊的念頭。他們會寫出「下賤」「去死」

等字眼，用簡訊傳出，或打電話飆罵髒話。

女性失戀者，則傾向於「自虐」。她們會捲起袖子告訴醫生，手腕上的新傷口，是前幾天才割的。有些女子也會發出「訣別簡訊」給男友，告訴他——「如果我死了，你不用來上香祭拜我！」

對失戀的男女來說，心中都有許多愛恨情仇，也因勾起「被情人甩掉」的情傷，憂鬱、痛恨的火山，再度爆發！

男女相愛，卻愛得不寒而慄，真是很驚悚！

「戀愛靠機會，分手靠智慧。」

一個人在戀愛時，都知道如何進攻、前進。但在遇見不合適、感情觸礁時，也要懂得理性撤退啊！

「Passion, intimacy, commitment.」（激情、親密、承諾），是心理學中所謂的「愛情三元論」。但是，男女交往時，常只有激情、親密，卻做不到承諾，以致於雙方的感情破裂，也對過去最甜蜜的戀人，「說出」與「做出」最惡毒的話，或最絕情、殺傷力最強的舉動。

其實，**熱戀時，愈是甜蜜，分手後的痛苦愈長。**

可是，明明知道，不合適的男女，硬是要在一起，將來的痛苦愈是會加劇。因為，**「強摘的果實不甜，強求的感情不美」啊！**

所以，理性、智慧的撤退與分手，反焦躁、反憤怒、反自虐、不傷害對方，是分手時必修的功課。

「分手分得好，人生沒煩惱。」

「面對、放下、祝福」，再重新打扮自己、振奮自己，讓自己心情轉向，人生也能大大轉彎啊！

就像梁靜茹所唱的那首歌：「分手快樂、祝你快樂，你可以找到更好的……」

或許，分手的時候是不快樂的，但懂得自我溝通、自我轉向，有一天會發現，分手其實也可能是更快樂的，也可以找到更好的！

小蝦米致勝語錄

◆理性分手、揮別過去，才能開創快樂的新未來。

◆失戀時，自殘、自虐都是於事無補，要懂得「心情轉向」，要活得比對方更好、更精彩。

◆憤怒時，說話要更小心、更謹慎。別用「狠話、絕情話」，傷害有情人。

國家圖書館出版品預行編目資料

成功不是靠奇蹟，是靠累積：22則成功故事，讓人生充滿驚奇／戴晨志 著.
-- 初版. -- 臺北市：圓神，2015.08
216面；14.8×20.8公分. --（圓神文叢；178）
ISBN 978-986-133-543-8（平裝）

177.2　　104010718

Eurasian Publishing Group 圓神出版事業機構 用心與你對話．視野無限寬廣　圓神出版社 Eurasian Press

http://www.booklife.com.tw　　reader@mail.eurasian.com.tw

圓神文叢 178

成功不是靠奇蹟，是靠累積：22則成功故事，讓人生充滿驚奇

作　　者／戴晨志
發 行 人／簡志忠
出 版 者／圓神出版社有限公司
地　　址／台北市南京東路四段50號6樓之1
電　　話／（02）2579-6600．2579-8800．2570-3939
傳　　真／（02）2579-0338．2577-3220．2570-3636
郵撥帳號／18598712　圓神出版社有限公司
總 編 輯／陳秋月
主　　編／吳靜怡
責任編輯／韓宛庭
美術編輯／李家宜
行銷企畫／吳幸芳．詹怡慧
印務統籌／劉鳳剛．高榮祥
監　　印／高榮祥
校　　對／韋孟岑．韓宛庭
排　　版／陳采淇
經 銷 商／叩應股份有限公司
法律顧問／圓神出版事業機構法律顧問　蕭雄淋律師
印　　刷／國碩印前科技股份有限公司
2015年8月　初版
2020年10月　6刷

定價300元　　ISBN 978-986-133-543-8